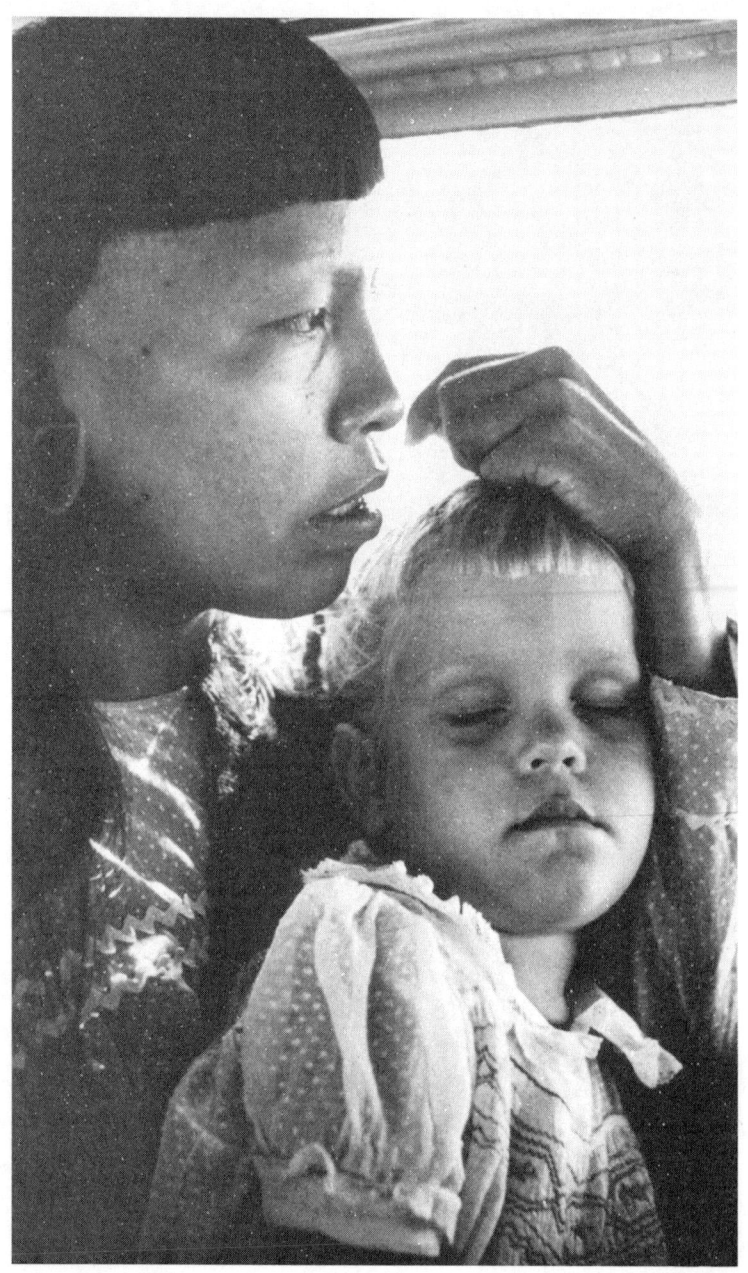

Elisabeth Elliot

Die Mörder –
meine Freunde

Meine Zeit bei den Aucas

clv
Christliche
Literatur-Verbreitung e.V.
Postfach 110135 · 33661 Bielefeld

»Die Tatsache, dass Jesus Christus für alle gestorben ist, erweckte mein Interesse für die Errettung aller; aber der Umstand, dass Jim die Aucas liebte und für sie starb, richtet meine Liebe in besonderer Weise auf diese Leute.«

1. Auflage 1999

© 1961 und 1989 bei Elisabeth Elliot
Erschienen bei Servant Publications, Ann Arbor
© der deutschen Ausgabe 1999 by
CLV · Christliche Literatur-Verbreitung
Postfach 11 01 35 · 33661 Bielefeld
Fotos von Elisabeth Elliot und Cornell Capa
Übersetzung: Hermann Grabe
Satz: CLV
Umschlag: Dieter Otten, Gummersbach
Druck und Bindung: Ebner Ulm

ISBN 3-89397-273-0

Inhalt

Dank

Einige der Bilder in diesem Buch wurden von Cornell Capa aufgenommen. Die Übrigen entstanden mit wenigen Ausnahmen auf seine Veranlassung hin. Er war es, der mir Mut machte, eine Kamera zu kaufen, und er zeigte mir dann, wie man damit umgeht. Was an meinen Bildern brauchbar ist, verdanke ich zum größten Teil seinen Belehrungen, zum kleineren dem, was man gewöhnlich »Glück« nennt. Während ich bei den Aucas lebte, versuchte ich, einen Bildbericht zu erstellen. Meine Filme sandte ich alle an Cornell. Er kam zu dem Schluss, dass sie genügend Material enthielten, um das vor meiner Ausreise zu den Aucas mit meinem Verleger vereinbarte Buch erstellen zu können. Er sorgte für die Edition und das vorläufige Layout der Bilder für die vorliegende Ausgabe. Er las auch kritisch die Texte und machte Verbesserungsvorschläge. Er half mir auf vielfache Weise, und ich bin ihm von Herzen dankbar.

E. E.

Anmerkungen zur Aussprache der Aucawörter und -namen

Als dieses Buch zum ersten Mal erschien, war die Aucasprache noch nicht »auf eine Schreibnorm reduziert« worden. Das bedeutet nicht, sie sei vorher noch nie geschrieben gewesen. Rachel Saint und ich entdeckten vielseitige Versuche zu einer fonetischen Umschreibung. So kann man jeden Laut, den Menschen hervorbringen, wiedergeben. Eine Sprache auf eine Schreibnorm zu bringen aber bedeutet, dass man mit Hilfe wissenschaftlicher Untersuchungen feststellt, welche »Buchstaben« zu einer Sprache *unbedingt* nötig sind. Sobald man alle überflüssigen Zeichen ausgeschieden hat, haben wir das sogenannte fonetische Alphabet einer Sprache. Wir sind nicht völlig sicher, dass die von uns benutzte Rechtschreibung rein fonetischer Natur ist, daher mögen sich Diskrepanzen bei der Aussprache ergeben – so gibt es zum Beispiel mindestens zwei »a« in der Aucasprache. Das eine ähnelt dem »a« in »matt«, das andere dem in »Vater«. Es gibt nasale und es gibt gedehnte Vokale und andere Laute, die nur schwer im Deutschen wiedergegeben werden können. Um die Sache nicht zu erschweren, haben wir nicht versucht, immer ganz konsequent zu bleiben.

Vorwort

Im Winter 1956 bat mich das *Life*-Magazin nach Ecuador zu fliegen, um herauszufinden, was mit den fünf Missionaren geschehen ist, die im Dschungel für vermisst gehalten wurden.

Viele unglaubliche Dinge sind seither passiert und dieses Buch ist das letzte Kapitel der bemerkenswertesten Missionsgeschichte dieses Jahrhunderts.

Für alle, die vielleicht den ausführlichen Erstbericht in *Life* nicht gelesen haben und auch die Bücher von Elisabeth Elliot *Im Schatten des Allmächtigen* und *Durchs Tor der Herrlichkeit* nicht kennen, ist es wichtig, den Anfang noch einmal zu erzählen.

Fünf Missionare – Pete Fleming, Roger Youderian, Ed McCully, Nate Saint und Betty's Ehemann, Jim Elliot – alle jung, alle verheiratet, alle, bis auf einen, Väter – hatten sich vorgenommen, mit einem geheimnisvollen, beinahe legendären Indianerstamm Kontakt aufzunehmen, der in den Tiefen des Amazonas-Dschungels haust. Nur eins war mit Sicherheit von den Aucas bekannt: Sie töteten jeden Fremden, der in ihre Nähe kam. Monatelang und bis in die letzten Einzelheiten planten die jungen Männer ihre »Operation Auca«, bis sie schließlich die Zeit für gekommen hielten, ihren ersten Versuch zu starten, mit den Aucas in Verbindung zu treten.

Am 3. Januar 1956 kamen die jungen Amerikaner mit einem von Nate Saint gesteuerten Flugzeug an den Curaray-Fluss, wo sie den ersten Brückenkopf im Auca-Territorium errichteten. Es war ein schmaler Sandstreifen, den sie »Palm Beach« nannten. Dort errichteten sie drei Häuser und stellten Funkverbindung zu Nates Frau, Marj in Shell Mera, her. Dann zogen sie in die Häuser und hofften auf die Begegnung mit Stammesleuten der Aucas.

Während der ersten Tage flog Nate zu einer in der Nähe gelegenen Siedlung aus Grashütten, der die Missionare den Namen »Terminal City«, gegeben hatten. Er versuchte durch Winken und Rufe per Megafon die Indianer zu überreden, nach Palm Beach zu kommen.

Drei Tage lang warteten die Missionare geduldig, fischten im Fluss und vervollständigten ihre Tagebuchnotitzen. Plötzlich, am Morgen des 6. Januar hörten sie den Ruf einer kräftigen Männerstimme von jenseits des Flusses, und gleich danach traten ein Aucamann und zwei Frauen aus dem Urwald. Die fünf Missionare riefen »*Puinani*!« (»Willkommen!«), dann durchwatete Jim Elliot die zehn Meter seichten Wassers, die sie von einander trennten. Er nahm die Indianer bei der Hand und führte sie ins Lager.

Der Aucamann war ein junger Bursche, eine der Frauen war ungefähr dreißig, die andere, ein Mädchen, etwa sechzehn Jahre alt. Außer einem oder zwei Bändern hatten sie nichts am Leibe. Die Missionare nannten den Mann »George« und das Mädchen »Delilah«.

Die drei Aucas verbrachten den ganzen Tag in Palm Beach. Dann waren sie plötzlich genauso heimlich wie sie gekommen waren, im Dschungel verschwunden. Die Missionare warteten auf ihre Rückkehr, und hofften, sie würden bald nach dieser ersten friedlichen Begegnung weitere Stammesangehörige kennen lernen.

Die kamen auch. Am späten Nachmittag des 8. Januar überfielen sie die Missionare und brachten sie mit ihren Speeren um.

Vergeblich warteten Marj Saint und die anderen Frauen auf den versprochenen Funkspruch, den Nate für den gleichen Nachmittag angekündigt hatte. Als das Schweigen in Palm Beach anhielt, wuchs die Furcht, etwas Schlimmes sei geschehen. Ein anderer Missionspilot, Johnny Keeman, erbot sich, nach Palm Beach zu fliegen. Im Tiefflug entdeckte er einen Flügel von Nates Piper, der aber die gelbe Verschalung fehlte. Nirgends war Leben zu entdecken. Sofort wurde eine Rettungsmannschaft gebildet. Sie bestand aus ecuadorianischen Soldaten, amerikanischen Missionaren und Quichua-Indianern unter der Führung von Frank Drown, einem anderen Missionar.

Sie reisten durch den Dschungel und folgten zu Fuß und in Kanus den Windungen des Curaray, bis sie nach drei Tagen Palm Beach erreichten. Nachdem sie das Gelände abgesucht hatten, fanden sie die von Speeren durchbohrten Körper der fünf Männer, die teils am Ufer lagen, teils im Wasser trieben.

Ein Airforce-Hubschrauber landete, und ich sprang heraus,

Jim Elliot freute sich über die drei Aucas – eine ältere Frau, eine junge, die sie »Delilah« nannten, und einen Mann, genannt »George« – die aus dem Urwald gekommen waren, um die fünf Missionare zu besuchen.

gerade, als die Rettungsmannschaft den letzten Körper in ein Gemeinschaftsgrab legte. Die Atmosphäre war gespenstisch: Nervöse Hände fingerten an den Abzugshebeln der Pistolen und die Augen starrten fieberhaft auf die undurchdringliche Mauer des Dschungels. Ich brauchte nicht zu fragen, warum. Dann brach plötzlich ein Tropensturm herein, der Regen rauschte in Strömen herab, verschwommene Gestalten huschten durch ein unwirkliches Licht. Zornige und niedergeschlagene Missionare warfen einen letzten Blick auf die toten Freunde, deren Leiber nicht mehr zu identifizieren waren. Einer sagte: »Das ist noch das Beste. Ich fühle mich so weniger elend!«

Dann kam die Heimreise durch das Aucagebiet. Die überladenen Kanus drohten bei jeder Bewegung zu kentern, und ich saß und bewachte wie eine Glucke die Kameras, dass sie nicht nass wurden. Major Malcolm Nurnberg, ein amerikanischer Luftwaffenattaché aus Quito führte die Gruppe aus der gefährlichen Gegend, wobei er seinen Karabiner die ganze Zeit schussbereit im Anschlag hielt.

Auf der Missionsstation Shell Mera warteten fünf Missionarsfrauen auf unsere Rückkehr. Durch den Rundfunk hatten sie schon gehört, dass alle umgekommen waren; aber sie wollten alles minutiös, alles ganz genau hören. Dr. Art Johnston, der dem Rettungskommando angehört hatte, ersparte ihnen nichts, als er ihnen in Nates Küche gegenübersaß. Sie saßen da, blass und mit leeren Blicken; aber man hörte weder Klagen noch Selbstmitleid.

Ich flog nach New York zurück. Bei mir trug ich die von Nate Saint aufgenommenen Bilder der Auca-Expedition. Darunter war der letzte Streifen, den wir in der im Wasser gefundenen Kamera entdeckten. Er zeigt die drei Angehörigen dieses bisher noch nicht fotografierten Stammes. Die Tagebücher enthielten viele Einzelheiten über den Kontakt, den die Missionare mit ihnen hatten; aber es bestand keinerlei Hoffnung, jemals genau herauszufinden, was an dem Flussufer tatsächlich passierte, und warum der anscheinend so friedliche Kontakt zu diesem Blutbad führen konnte. Die Antwort lag in den Tiefen des Dschungels und bei den unerreichbaren Aucas.

Für mich jedenfalls schien die Geschichte zu Ende zu sein. Die Witwen allerdings glaubten, der Tod ihrer Ehemänner sei nicht

Die Rettungsmannschaft unter Führung von Major Nurnberg kehrt, auf alles gefasst, flussaufwärts zurück.

13

nur eine sinnlose Tragödie, wie viele Menschen meinten. Sie hegten keinerlei Rachegedanken; im Gegenteil, sie fühlten mit wachsender Dringlichkeit, wie notwendig es ist, den Aucas die Botschaft von der Vergebung und der Liebe Gottes zu bringen. Während des folgenden Jahres erfuhr ich von der stillen Hingabe, mit der die Witwen ihre Arbeit auf dem Missionsfeld in Ecuador fortsetzten. Marj Saint und Marilou McCully, gingen, jede mit drei Kindern, um im Missionshauptquartier in Quito zu arbeiten. Betty Elliot und Barbara Youderian blieben mit ihren kleinen Familien im Dschungel und arbeiteten unter den Quichua- und Jivaro-Indianern. Ich beschloss, sie noch einmal zu besuchen, um herauszufinden, was sie zu ihrem außergewöhnlichen Einsatz antrieb. Der Seelenfrieden der Fünf, ihre Gelassenheit und das Zutrauen, Gott werde für alle Bedürfnisse sorgen, erregte mein höchstes Interesse. Denn sie hörten niemals auf zu beten und zu hoffen, dass die Aucas eines Tages den ersten zaghaften Schritt in die Welt, nach draußen, wagen würden.

Ich besuchte Betty auf der Qinchua-Missionsstation in Shandia. Es war ein eigenartiger Anblick, die hagere, großgewachsene blonde Amerikanerin durch den Dschungel gehen zu sehen. Oftmals ohne Schuhe, weil das am Einfachsten ist, aber immer mit wachen Blicken für giftige Schlangen. Neben ihr ging, auch barfuß, ihre Tochter Valerie. Ein winziges, ätherisches Geschöpfchen, das aussah, als berührten seine Füßchen den Boden nicht, als schwebte es sacht darüber hinweg. Betty unterrichtete an der von Jim und Pete Fleming wieder hergestellten Schule, versorgte die Kranken und arbeitete fortgesetzt an der Übersetzung von Bibelteilen in die Quinchua-Sprache. Betty hatte in allem, was ihren Glauben in Bezug auf Valerie und sie selbst betraf, einen festen Standpunkt: »Wohin ich gehe, dahin geht auch Valerie. Ich bin überzeugt, dass der Herr von mir erwartet, über ihre Gesundheit zu wachen, solange sie in meinem Hause ist; doch wenn ich die Gastfreundschaft der Indianer in Anspruch nehme, vertraue ich, dass der Herr das Risiko trägt. Ich halte es für wichtiger, dass Valerie und ich das Leben mit den Indianern teilen, als dass ich mich abkapsele, um unsere Gesundheit zu schützen.« Ich fragte sie, wie sie das vereinbaren konnte mit Jims Tod durch die Hand der Aucas; den hatte der Herr doch offensichtlich nicht

Dr. Johnston beschreibt detailliert, wie sie die Körper der Männer gefunden haben. Die Wahrheit war nicht zu fassen – alle fünf waren tot.

Der beschädigte Film aus Nate Saints Kamera versank nach seinem Tod im Curaray.

verhindert. Ohne Zögern antwortete sie: »Ich habe für Jims Bewahrung gebetet, für seine leibliche Bewahrung. Der Herr erhörte mich im Blick auf die Ewigkeit. Er schützte uns vor Ungehorsam, und bewirkte durch Jims Tod Ergebnisse, deren Ausmaß erst die Ewigkeit offenbar machen wird.« Ich verließ Shandia ein wenig verwirrt, immer Bettys Abschiedsworte im Ohr: »Das stärkt in mir persönlich das Verlangen, sie zu erreichen. Weil Jesus Christus für alle gestorben ist, interessiert mich die Errettung aller; aber die Tatsache, dass Jim aus Liebe zu den Aucas starb, intensiviert meine Liebe zu ihnen.«

Wieder verging ein Jahr. Dann erfuhren wir, zwei Aucafrauen seien aus dem Dschungel aufgetaucht und Betty habe sie in ihr Haus in Shandia aufgenommen. Auch hörte ich, dass die eine der Frauen die ältere der beiden war, die Jim und seine Gefährten lebendig auf Palm Beach gesehen hatten.

Jetzt musste ich unbedingt nach Ecuador fahren, um Betty mit ihren eigenartigen Gästen zu sehen. Während dieses Besuches nun war es, dass ich durch meine Beobachtungen zu verstehen begann, welch eine bemerkenswerte Persönlichkeit diese amerikanische Frau ist.

Der Rest der Geschichte steht in diesem Buch. Tatsächlich hat sie den Stamm besucht. Betty und Valerie haben zusammen mit Nate Saints Schwester, Rachel, fast ein Jahr lang bei den Aucas gelebt. Dann kehrte Betty mit ihren Aufzeichnungen und Bildern heim.

Ein paar Worte möchte ich noch zu den Bildern sagen. Betty ist keine Fotografin und ihre Interessen liegen auf missionarischem und sprachlichem Gebiet. Sie hat mich aber während meiner drei Besuche im Dschungel mit der Kamera arbeiten sehen und wir hatten Gelegenheit genug, über unsere jeweilige »Mission« zu sprechen. Schließlich konnte ich sie davon überzeugen, dass die Kamera ein unersetzliches Kommunikations- und Ausdrucksmittel ist. Ich beschrieb ihr die Kamera als ein einfaches technisches Gerät, das leicht zu handhaben sei. Sie solle den Apparat nur als Erweiterung ihrer Sehmöglichkeiten betrachten und alles aufnehmen, was ihr wichtig ist: ihre Tochter und ihre Indianer.

Die Ergebnisse liegen Ihnen jetzt in diesem Buch vor.

Cornell Capa

Einführung

Als 1956 zum ersten Mal bekannt wurde, dass wilde Amazonas-Indianer, die Aucas, fünf amerikanische Missionare umgebracht haben, fragten sich viele, ob es denn heute noch solche »Wilden« gäbe. Da dies offensichtlich bejaht werden musste, tauchten weitere Fragen auf: Wo stecken die? Wer sind sie? Wie leben sie? Was hat sie zu solchen »Wilden« gemacht?

Als wir drei dann zu diesem Stamm gingen, fragte man uns: »Wie begegneten sie euch? Was empfindet ihr ihnen gegenüber? Was wollt ihr damit erreichen?«

Ich bin nicht sicher, ob ich diese Fragen ausreichend beantworten kann. Ich habe weniger als ein Jahr bei den Aucas gelebt und muss mich daher mehr auf Beschreibungen beschränken, ohne das Aucavolk begreiflich machen zu können. Ich weiß viel zu wenig von ihrer Sprache, um auch nur zu verstehen, was sie sagen, geschweige denn, was sie denken. Ich kann mich mit ihnen geradeimal über die aller alltäglichsten Dinge unterhalten. Ich weiß fast nichts von den Überlieferungen, dem Aberglauben, der Religion, den Denkmustern und der Weltanschauung dieses Stammes.

Mein Vorurteil über den Fremdenhass der Aucas und warum sie sich früher so benommen haben, hat sich als völlige Fehleinschätzung erwiesen. Meine Vorstellungen, wie ihnen zu begegnen sei, wurden ganz und gar auf den Kopf gestellt. Darüber hinaus lernte ich auch meine eigene Gesellschaft mit anderen Augen zu sehen. Auf mancherlei Weise hatte ich den Eindruck, weniger zu wissen, nachdem ich bei den Aucas war, als ich zu wissen glaubte, bevor ich zu ihnen ging. Meine Hängematte dort war mein »Elfenbeinturm«. Von meinem eigenen Volk war ich durch große Entfernungen getrennt und für die Aucas war ich eine Fremde. Unfähig, zu kommunizieren, war ich gezwungen, nachzudenken.

Ich habe allerdings einige Fotos gemacht und auch aufgeschrieben, was mir auffiel. Damit hoffe ich, eine kleine Vorstellung von dem zu geben, wer die Aucas sind, wie sie leben, wie wir dort lebten und welchen Schwierigkeiten wir ausgesetzt waren. Vielleicht führt die Betrachtung dieser andersartigen Gesellschaft dazu, die unserige in neuem Lichte zu sehen, damit wir erkennen möchten, was wirklich zählt.

Das Wort »Mission« erinnert uns sicher an Predigt, Lehre, Gemeindegründung (und selbst diese ist oft nur eine irdische Gründung und weit seltener ein geistliches Haus), medizinische Betreuung, Taufe, Kinderlehre, soziale Verbesserungen – an beinahe jede Form der Menschenfreundlichkeit. Ich fühlte mich völlig außerstande, irgendetwas derartiges zu tun. Das war eine eigenartige Situation für einen Menschen, der sich eine Missionarin nennt. Ich begann, in meinem »Reiseführer« zu suchen, ob die obigen Definitionen richtig sind. Das Wort »Missionar« kommt in der Bibel nicht einmal vor, dafür aber das Wort »Zeuge«. Ich fand viele Stellen, die mir zeigten, dass von mir ein Zeugnis erwartet wird. Eine hat mich besonders getroffen. Darin heißt es, eine Zeuge für Gott müsse vor allem Ihn kennen, lieben und verstehen (Jesaja 43,10). Alles, was Er von uns fordert, soll nur diesem Zweck dienen. Das will Er uns lehren und Er nimmt sich die dazu nötige Zeit. So haben denn alle Seine Handlungen und Sein Umgang mit den Menschen – seien es Aucas oder Missionare – stets ein deutliches Ziel und nichts ist Zufall. In allem will Er uns anspornen, Christus zu erkennen.

Kapitel 1

»Ich muss alleine weitermachen«

Am 16. Januar 1956 kam der Suchtrupp aus Missionsschülern, Quinchia-Indianern, ecuadorianischen Soldaten und amerikanischen Fliegern zurück, der die vermissten fünf Missionare auffinden sollte. Als uns gemeldet wurde, sie seien alle fünf umgebracht, hatte ich kaum das Gefühl, in einem Drama mitzuwirken. Die Geschichte der Mission hatte sich nur wiederholt. Ich kannte die Berichte, angefangen von den Benediktinermönchen, die über die Alpen nach Deutschland hineingestiegen waren und dort von wilden Eingeborenen ermordet wurden, bis hin zu den Engländern, die im vorigen Jahrhundert zu den Südseeinseln zogen und dort mit Knüppeln erschlagen wurden. Der Kreuzfahrergeist, der Reiz, unerreichte Stämme zu erreichen, die Leidenschaft, Seelen zu gewinnen, die auch einige motiviert haben mag, alles war gänzlich verschwunden. Ich wusste aber: Wenn das Leben weitergehen soll, musste es einen Sinn haben. Ich wurde auf das eigentliche Ziel aller Missionsarbeit zurückgeworfen – tatsächlich auf das einzig wirkliche Ziel. Mein Mann, Jim, und die anderen vier, waren ins Aucagebiet gegangen, weil sie einen Grund hatten: Sie glaubten, dass Gott dies von ihnen forderte. Sie nahmen es wörtlich: »Die Welt vergeht und ihre Begierde; wer aber den Willen Gottes tut, bleibt in Ewigkeit.« Nur wenn wir Gott gehorchen, können wir Ihn erkennen. Wenn Gehorsam ein guter Grund zum Sterben ist, dann ist er auch ein Grund zum Leben. Ich wusste, dass es für mich keine andere Antwort gab. Die »Warums«, die mich Tag und Nacht anschrien, waren nicht zum Schweigen zu bringen; aber ich konnte mit ihnen leben, wenn ich einfach weitermachte und das Nächstliegende tat.

Jim und ich hatten unter den Quinchia-Indianern in Shandia gearbeitet. Ich kehrte nach dorthin zurück und tat, was mir als tägliche Pflicht vor die Hände kam, und indem ich das tat, lernte ich Gott ein wenig besser kennen. Gehorchen heißt erkennen.

Das zu wissen, bedeutet Frieden. Ich wusste nicht, was mir die Zukunft bringen würde. Allerdings schien es mir unmöglich, alles, was mit der Quichua-Station zusammenhing, allein bewältigen zu können; aber es hatte keinen Zweck, sich mit den Sorgen des nächsten Tages zu belasten. Ich war zufrieden, dass es mir ging wie der Seeschwalbe, von der es heißt:

Ach, es gibt eine Kraft, die dich schützt und lenkt
über Felsengestaden und Mooren,
die dir Richtung durch Wüsten und Meere schenkt;
furchtbar einsam – doch niemals verloren.

Der vom Nordpol dich bis zu den Palmen bringt,
durch des Himmels unendliche Weiten,
wird auch mich auf dem langen und einsamen Weg
wie ein Vater beschützen und leiten.
(»An die Seeschwalbe« von William Cullen Bryant)

Es gab viele Instandsetzungsarbeiten auf der Station zu tun: Die Landebahn musste von Unkraut freigehalten, Ananas und Bananen gepflanzt werden, dauernd drohte der Dschungel Wege und Rodungen zu überwuchern, Zäune und Grasdächer waren zu reparieren. Außerdem sollte das Schulhaus fertig werden, mit dem Jim begonnen hatte, dazu kam die gewöhnliche Hausarbeit, für die es an manchem Hilfsmittel fehlte. Ich hatte ein Baby zu versorgen, die Indianer medizinisch zu betreuen, in einer Mädchenschule zu unterrichten, an der Quichua-Bibel zu arbeiten, eine Jungen-Bibelklasse vorzubereiten und eine Gruppe junger Quichua-Christen geistlich voranzubringen.

Während ich in Shandia war, setzten die Männer von der Missionary Aviation Fellowship ihre Flüge fort, die mit der Niederlassung bei den Aucas durch Nate Saint begann, der dann mit meinem Mann und den anderen ermordet wurde. Regelmäßig wurden für die Aucas Gaben abgeworfen; denn die Piloten waren ihnen offenbar genauso freundlich gesonnen wie vor dem Massaker. Viele Menschen überall auf der Welt beteten für die Aucas, damit sie das Licht der Erkenntnis Gottes sehen möchten. Die Schwierigkeiten allerdings schienen jetzt größer zu sein als vor dem ersten Versuch. Aber man muss daran festhalten, dass Gott vertrauenswürdig ist, und wir erwarteten, Er werde alles Nötige veranlassen, um den Stamm der Aucas für das Evangelium zu öffnen. Es wurde viel darüber spekuliert. Manche Leute behaupteten zu wissen, welche Fehler die Fünf gemacht hatten, und weshalb sie jetzt tot sind. Psychologen und Anthropologen verfassten Texte, um zu erklären, welche Regeln man für den nächsten Versuch zu berücksichtigen hätte. Jemand schickte mir sechzig Dollar, die ich für den Kauf von Auca-Bibeln verwenden sollte. Eine Dame bat mich, die Zehn Gebote auf einen Papierstreifen zu schreiben und von einem Flugzeug aus über dem Indianerland abzuwerfen. Einige meinten, Frauen sollten zu dem Stamm gehen, weil man sie akzeptieren würde. Andere wähnten, dies sei gefährlicher als für die fünf Männer, weil die Eingeborenen sich der Frauen bemächtigen würden. Ratschläge, aus Enzyklopädien abgeschrieben, von Kartenlegerinnen ermittelt, aus der griechischen Mythologie entnommen und der Freud'schen Psychologie entlehnt, trafen bei uns ein.

Mir war klar, dass es dabei nicht in erster Linie um Methoden ging. Auch bei der besten Planung konnte etwas schief gehen. Irgendein nicht berücksichtigter Faktor vermochte die klügsten Berechnungen über den Haufen zu werfen. Ich bat einfach den Herrn, mir zu zeigen, was Er in dieser Angelegenheit getan haben wollte. Vor allem aber hatte ich Ihm keine Ratschläge zu erteilen, wie Er zu handeln habe. Ich gab mich ganz in Seine Hand und sagte Ihm: »Wenn du mir Anteil an der Erreichung der Aucas gewährst, stehe ich dazu bereit.« Überall in der Bibel hatte ich festgestellt, dass wenn Gott einem Menschen etwas zu tun befahl, Er auch für die Methoden, Mittel, Werkzeuge und speziellen Anweisungen gesorgt hatte. Der Mensch hat dann nur noch eins zu tun: Er muss gehorchen. Das allein durfte in der Sache mit den Aucas zählen. Die Worte Bileams, die er in der Alttestamentlichen Geschichte an den Moabiterkönig richtete, schienen in dieser Situation besonders passend zu sein: »Wenn Balak mir sein Haus voll Silber und Gold gäbe, könnte ich nicht den Befehl des HERRN, meines Gottes, übertreten, um etwas Kleines oder Großes zu tun.«

Aber offenbar war mir der Auftrag hinzugehen, nicht gegeben; und wenn ich nicht die Arbeit machte, die mir befohlen *war*, konnte ich nicht erwarten, Führung in einer künftigen zu erhalten.

Die von Jim unterrichteten Indianer übernahmen mit der Zeit immer mehr Verantwortung in der Gemeinde in Shandia. Ein Zeichen geistlicher Gesundheit war ihr wachsendes Interesse an solchen Indianern, die noch keine Gelegenheit hatten, von Jesus Christus zu hören. Der Tod der Missionare hatte einige unter ihnen erweckt, ihr Dasein ernsthafter zu betrachten und Gott intensiver zu bitten, Sein Wort auch anderen Indianern zu schicken. Sie begannen, kurze Reisen in Gegenden zu unternehmen, die von Missionaren bisher noch nicht besucht waren. Sie übernahmen immer mehr den gesamten Predigtdienst und die Belehrung in Shandia, auch erwachte neues Interesse an den Bibelübersetzungen, die für sie gedruckt worden waren.

Ein weiteres Missionarsehepaar kam nach Shandia und nach wenigen Monaten des Sprachstudiums entschieden sie sich dafür, die Arbeit in Shandia weiterzuführen. Alle diese Entwicklungen bestärkten in mir die Überzeugung, dass ich gehen sollte, vielleicht aus der Arbeit unter den Quichua, und – wenn es auch absurd erschien – in die Arbeit unter den Aucas. Ich war aber sicher, dass wenn ich dorthin zu gehen hätte, es unmissverständlich klar sein würde, *wann die Zeit dafür reif war.*

Eines Tages im Mai 1957 fragte mich Johnny Keenan, der Missionspilot, ob ich ihn bei seinem Flug zu den Aucas begleiten wolle. Er hatte wieder einmal vor, Geschenke abzuwerfen. Ich war nur einmal über ein Aucadorf geflogen; damals hatten wir keine Menschen erblickt. Diesmal flogen wir über drei verschiedene Siedlungen mit Häusern und Maniokfeldern. Bei dem einen war ich sicher, »George« erkannt zu haben, den jungen Mann, der sich zusammen mit zwei Frauen Jim und dessen Kameraden ohne Feindseligkeit genähert hatte, drei Tage bevor die Missionare ermordet wurden. Ich hatte von Nate Saint aufgenommene Bilder von ihm gesehen. »George« kriegte das Paket zu fassen, das wir abgeworfen hatten, und fing sofort an, die »Hamburger« aufzuessen. Dabei winkte er mit den Paketbändern, um zu zeigen, dass er die Sache verstanden hatte. Er rannte quer durch den Fluss von einer Seite zur anderen, so als wollte er uns so nahe wie möglich kommen, wenn wir im Tiefflug über die Lichtung brausten. Er warf die Arme hoch, was mir wie eine flehen-

»Wer wird mich führen in die befestigte Stadt? ... Schaffe uns Hilfe vor dem Bedränger! Menschenhilfe ist ja wertlos.«

de Geste erschien, er lächelte und rief etwas. Ich konnte mir nicht helfen; aber ich hätte gewünscht, wir hätten in dem Flusstal eine Notlandung machen müssen. So stark war mein Verlangen, den Aucas Auge in Auge gegenüber zu stehen. Ich konnte auch den Eifer der fünf Männer begreifen, die auf dieser Stelle gelandet waren, ohne an die Gefahren zu denken. Doch im gleichen Augenblick zuckte ich zurück vor der Finsternis und dem Verderben, das sie repräsentierten. Mir fiel die Geschichte von Ananias in Damaskus ein, den der Herr bei seinem Namen rief, und der dann antwortete: »Siehe, hier bin ich, Herr!« Doch als der Herr ihm befahl, mit Saulus zu sprechen, erinnerte sich Ananias daran, welcher Ruf diesem Menschen voraneilte: Er war ein Mörder. Doch der Herr sagte zu ihm: »Gehe hin!« Ananias stand auf und ging sofort in das Haus, wo Saulus war. Die Gefahren, die öffentliche Meinung, die eigene Vernunft wurden bedeutungslos, als er den ausdrücklichen Befehl vernommen hatte. Ich war ganz sicher: Gott würde es mir genauso klar zeigen.

Im Oktober 1957 wurde am Curaray-Fluss die Hütte des englischen Missionars, Dr. Wilfred Tidmarsh, von den Aucas geplündert. Die Tür war aufgebrochen, seine Habseligkeiten waren zerrissen und umhergeworfen. Vor seiner Hütte steckten kreuzweise zwei Speere in der Erde und die Maschete und einige Töpfe waren gestohlen. Damit konnte man jede Hoffnung auf eine erneute friedliche Begegnung aufgeben. Deutlicher als je zuvor erkannte man, dass nur Gott allein noch etwas erreichen konnte.

»Wer wird mich führen in die feste Stadt? ... Schaffe uns Hilfe vor dem Bedränger! Menschenhilfe ist ja wertlos. Mit Gott werden wir mächtige Taten tun und er, er wird unsere Bedränger zertreten« (Psalm 60). Nur einen Monat nach dem Überfall auf Dr. Tidmarshs Hütte geschah dann das von uns erwartete Wunder. Ich erhielt eine Einladung der Familie Tidmarsh nach Arajuno. Gewöhnlich hätte ich schnell entschieden, ob ich die Einladung annehmen oder ablehnen wollte; diesmal aber kam es mir vor, als hänge vieles davon ab. Ich betete darüber und bat Gott inständig, mich vor einem Fehler zu bewahren. Die Antwort war deutlich positiv – ich sollte gehen. Kaum war ich eine Woche dort, als ich erfuhr, drei Aucafrauen seien in einer Quichua-Siedlung aufgetaucht, die zu Fuß von Arajuno aus erreichbar ist.

Kapitel 2

Das Tor des Herrn

Wie wir erwartet hatten, wurde die Führung unmissverständlich, sobald die Zeit zum Handeln gekommen war. Mir war klar, dass ich sofort mit den Quichuas gehen sollte, um die Auca-Frauen zu begrüßen. Die Frage, ob ich meine zwei Jahre alte Tochter mitnehmen sollte oder nicht, wenn ich zu den Aucas ginge, hatte mir viel Kopfzerbrechen gemacht. Doch löste sie sich von selbst, weil niemand zur Verfügung stand, der sie hätte tragen können. Außerdem erbot sich Frau Tidmarsh freundlicherweise sie statt meiner zu beaufsichtigen. Mir blieben nur wenige Minuten, meine Sachen zu packen; denn es war schon fast Mittag und die Reise würde etwa sechs Stunden kosten. In den tropischen Regenwäldern bricht die Nacht sehr plötzlich herein.

Ich packte alles Notwendige in ein kleines indianisches Tragnetz: Notizblock, Schreibzeug, Schlangenbisssalbe, Seife, ein Kleid zum Wechseln, eine leichte Decke und Insektenabwehrmittel. Meine Kamera kam in einen wasserdichten Beutel und bald waren wir unterwegs. Die zwei Indianerinnen fragten mich schon auf der ersten Meile drei- oder viermal, ob ich sicher sei, die Strecke zu schaffen. Sie fürchteten, ich sei noch nie durch den Dschungel marschiert, und sie müssten mich dann die letzten Meilen tragen.

Die ersten Meilen ging es auf einer alten Straße der Shell-Ölgesellschaft entlang. Sie war zwar gepflastert; aber ganz von Dornen und Gestrüpp überwuchert. Die Brücken waren schon längst weggespült, so dass man oft in tiefe Schluchten hinabsteigen musste. Hinter dem Oglán-Fluss, einem Nebenarm des Curaray, glich der Weg den üblichen Dschungelpfaden – nur breit genug für ein Marschieren im Gänsemarsch. Dabei folgt solch ein Pfad den Höhenlinien und vermeidet die Senken mit den großen Schlammlöchern. Trotzdem geht es noch oftmals mühsam bergan, dann wieder rutscht man bergab und plötzlich steht man an einem felsigen Ufer. Die Indianer tänzeln leicht von einem glatten Stein zum andern und überqueren so auch größere Gewässer, durch die wir hindurch waten müssen, wobei das Wasser bis an die Taille reichen kann. Hin und wieder hielten meine Führerinnen an und zeigten auf ein Loch in der Urwaldwand oder auf eine Stelle, an der das Gras plattgedrückt war.

»Sehen Sie Senõra. Da hat ein Auca auf der Lauer gelegen. Sie verstecken sich am Weg und beobachten, wohin wir gehen. Sehen Sie hier den Felsen? Da oben warten sie, um uns mit ihren Speeren zu bewerfen, wenn wir hinaufsteigen wollen. Letzte Woche haben wir ihre Fußspuren gesehen. Gott allein hat uns bewahrt.«

Ich lachte: »Da hat doch nur ein Wildschwein geschlafen!«

»Ein Wildschwein! Ein wildes *Schwein*, sagt sie! Sie versteht nichts davon. Wir aber wohl. Wir sind hier zu Hause. Es sind die Aucas, Senõra. Sie schleichen überall umher. Sie kennen unser Gebiet.«

Tatsächlich mögen sie Recht haben. Die Tatsache, dass drei Aucafrauen am Curaray waren, machte es noch wahrscheinlicher, dass die Aucamänner uns beobachteten. Ich dachte an Jim, wie ich so hinter den beiden Indianerinnen herging. Vielleicht war ich – bildlich gesprochen – auf demselben Weg wie er damals. Eigenartiger Weise fiel mir ein schlichtes Spiritual ein, das ich irgendwo einmal gehört hatte: »I won't have to cross Jordan alone« (Ich möchte den Jordan nicht allein durchwaten müssen).

Als wir am Curaray bei der Quichua-Siedlung ankamen, fanden wir zwei Aucafrauen vor – die dritte war zu ihrem Stamm zurückgekehrt. Sie waren für diesmal mit einer weiten, karierten Bluse und mit einem marineblauen Rock bekleidet, der üblichen Quichua-Tracht. Die ganze Ortsbevölkerung hatte sich um sie geschart und sie fühlten sich sehr wohl dabei – bis sie mich erblickten. Sie fürchteten sich sehr und klammerten sich an die Hände zweier alter Quichuafrauen, die sie unter ihre Fittiche genommen hatten. Ich hielt mich eine Zeit lang von ihnen fern und unterhielt mich mit den Quichuas, damit die Aucafrauen sehen konnten, dass wir Freunde waren. Sie betrachteten mich von oben bis unten und endlich, als ich lächelnd auf sie zuging, um ihre Hände zu berühren, ließen sie die beiden anderen los und lächelten zaghaft zurück. In einer der beiden erkannte ich die ältere der zwei Frauen, die meinen Mann und die anderen in »Palm Beach« besucht hatten. Ich hatte die Bilder von den drei Aucas gesehen und diese Frau war unverwechselbar, weil ihre Ohrläppchen auf ganz ungewöhnliche Weise ausgedehnt waren.

Weil ich wusste, dass die Aucas damals nur einen Tag in »Palm Beach« bei den fünf Männern geblieben waren, meinte ich, diese würden es genauso machen. So versuchte ich, so viel wie möglich sprachliches Material von ihnen zu gewinnen, solange sie da waren. Sofort fing ich an, alles aufzuzeichnen, was sie sagten und sie zeigten sich kooperationsbereit, indem sie antworteten, wenn ich eine der wenigen Auca-Redewendungen anbrachte, die mir zu Gebote standen: »Was ist dies?« Bevor Jim zu den Aucas ging, hatte ich einige Wörter gelernt. Wir beide hatten nämlich eine Aucafrau getroffen, die zehn oder zwölf Jahre zuvor ihren Stamm verlassen hatte. Sie arbeitete damals als Sklavin auf einer Hazienda, nicht weit von Shandia entfernt. Später reiste sie mit Rachel Saint zu einem Besuch in die Vereinigten Staaten. Rachel war die Schwester des mit Jim und den anderen Missionaren ermordeten Piloten.

Neben meinen sprachlichen Notizen hielt ich auch andere Beobachtungen fest: Ihre Augenbrauen waren vollkommen ausgerissen; das Haar war an den Schläfen abrasiert oder ebenfalls ausgezupft, das Übrige war als gerader Pony von einem Ohr zum anderen abgeschnitten, während es nach hinten lang bis auf den Rücken hing. Als sie aus dem Urwald kamen, hatten sie nichts weiter als eine neue Schachtel Streichhölzer in der Hand, die für sie vom Flugzeug abgeworfen worden war. Sie schenkten mir diese. Offensichtlich wussten sie, wozu man Streichhölzer benutzt, fürchteten sich aber, eins anzureißen. Ich zeigte ihnen meine Taschenlampe, ohne sie anzuschalten, weil ich mich erinnerte, dass die Männer früher schon eine Taschenlampe abgeworfen hatten. Gern wollte ich wissen, ob sie die Funktion begriffen hatten. Sie zeigten kein Interesse, so schaltete ich sie an, was sie wundervoll fanden. Auch freuten sie sich über das Ticken meiner Uhr, wenn sie auch nichts dazu sagten. Die Quichuas spielten nun mit und boten ihnen selbst gedrehte Zigaretten an. Mankamu (ich lernte ihren Namen erst einige Wochen später) war mutig genug, einen Zug zu tun, spuckte aber angewidert auf die Erde und gab die Zigarette zurück. Sie probierten Salz, reagierten aber weder wohlgefällig noch mit Abscheu, sie sagten gar nichts. Sie nannten ein Wort für »Gewehr« und machten vor, wie man es benutzt, um Tiere bzw. Menschen damit zu töten (ich konnte nicht feststellen, was sie genau meinten).

Als die Nacht hereinbrach, zeigten sie, dass sie schlafen wollten. Man zeigte ihnen einen winzigen, aus Bambusstangen errichteten Raum, wo sie sich ganz zufrieden zwischen zwei alte Quichuafrauen legten. Einige Quichua fingen zu singen an und ich sang mit. Das brachte uns ein breites Grinsen der Aucas ein. Als das Lied zu Ende war, tat uns Mankamu den Gefallen, unaufgefordert eins ihrer Lieder zu singen. Es bestand nur aus einer Note, enthielt offensichtlich keine Worte, höchstens eine Reihe von Vokalen mit unterschiedlicher Betonung, etwa so: −.−.−.−.−. Das dauerte schier endlos, bis die Quichua anfingen ungeduldig zu werden. »Sie singt einen Zauberspruch!«, sagten sie. »Und dann kommen ihre Leute und greifen uns an!« Sie stellten ihre Gewehre und Lanzen an ihre Betten und jedesmal, wenn die Hunde anschlugen, sprangen sie auf. »Aucas!« Viele waren sich sicher: Diese Frauen sind Lockvögel. Das nahm man auch von jenen Aucas an, die sich den fünf Missionaren gegenüber freundlich gestellt hatten. Man fürchtete, sie sollten unser Vertrauen gewinnen, um einen Weg auszukundschaften, auf dem uns die Männer des Aucastammes überfallen und umbringen konnten. Das war möglich, beeinträchtigte aber nicht meine Gewissheit, Gott werde mich dorthin bringen. Er war mir in jener Nacht, wie der Psalmist sagt, »ein starker Turm«.

Um halbfünf am nächsten Morgen weckte Mankamu den gesamten Haushalt mit ihrem eigenartigen Gesang. Es gab manche Diskussion, einige hielten ihn für Gesang, die anderen für Geschrei, wieder andere für Zaubersprüche. Sie schien krank zu sein und wurde schon bald von Fieberschauern geschüttelt. Ich bot ihr Malariatabletten an, die sie ohne Zögern mit einem tüchtigen Schluck Wasser hinunterspülte. Das wunderte mich; denn die Pillen waren äußerst bitter. Woher wusste sie, dass ich sie nicht umbringen wollte?

Der Tag verging nur langsam. Die Quichuas arbeiteten ein oder zwei Stunden, dann kamen sie nach Hause und saßen ziemlich unruhig herum, jeden Augenblick erwarteten sie den Überraschungsangriff der Aucas. Es war sehr heiß, dazu kamen die Wolken von Fliegen und der Geruch vom Rauch verbrannter Termitennester (zum Vertreiben dieses Ungeziefers). Ich saß ganz elend auf einem winzigen Holzblock, das Kinn auf die Knie gestützt, ohne eine Tasse Kaffee, und was das Schlimmste war, ohne mein Kind. Alles war dazu angetan, jegliche Romantik zu vertreiben, die man aus der Entfernung unserer Situation hätte zuschreiben mögen. Die Indianer vertrieben sich die Zeit wie gewöhnlich – die Frauen kochten Essen, die Männer saßen, spielten mit einem Stöckchen, zupften an einer alten Geige herum, fingen Fliegen mit einer hölzernen Klatsche oder kratzten sich irgendeinen Schorf ab. Sobald das Essen fertig war, ließen sie sich rund um ein Bananenblatt auf den Boden nieder und aßen: den unvermeidlichen Maniok, angereichert mit Fisch oder Peccary-Fleisch.

Kurz nach Mittag schlugen die Hunde an. Die Männer ergriffen ihre Gewehre und eilten auf das Maniokfeld, um die Lage zu erkunden. Sie fanden frisch geknickte Maniokzweige, aus denen noch der weiße Saft quoll. Jemand musste hier gewesen sein. Und weil es im Umkreis von zwölf Meilen keine anderen Indianer gab, kamen nur die Aucas in Frage. »Sie haben uns ausgespäht«, sagten sie. »Sie wollten nachsehen, ob wir ihre zwei Frauen getötet haben. Wenn sie die nicht zu sehen bekommen, werden sie uns umbringen.« Ich hatte schon überlegt, ob ich die Frauen fragen sollte, mit mir nach Arajuno zu kommen, wo wir es in mancher Hinsicht bequemer hatten und weiter von den Gefahren am Curaray entfernt wären. Jetzt aber schien es, als sei es für die Indianer gefährlicher, wenn ich sie verließ, und so stellte ich mich darauf ein, in der Quichua-Siedlung zu bleiben. Die beiden Aucas waren anscheinend mit ihren »Müttern« sehr zufrieden und es schien am klügsten zu sein, hier bei ihnen zu bleiben. Sie blieben so in indianischer Umgebung und ich konnte ungestört ihre Sprache erforschen.

Dr. Tidmarsh kam an diesem Abend an und brachte ein Tonbandgerät mit. Mankamu schaute ihm eine Zeit lang zu, dann nahm sie ruhig das Mikrofon und sprach. Ihre Erzählung handelte vom Töten, von Speeren und von einem Kind, das gerade gestorben war. Sie amüsierte sich, überhaupt nicht verblüfft, als sie ihre eigene Stimme hörte. Am folgenden Tag brachte das Flugzeug ein Telefon. Es kreiste langsam und ließ die Leine zu mir herab. Ich fing das Telefon auf und sprach mit dem Piloten, während dieser weiter seine Kreise zog. Mintaka, eine der Aucafrauen, zeigte nicht das geringste Interesse, weder für das Flugzeug noch für das Telefon. Mankamu schien Angst zu haben; sie redete schnell und aufgeregt solange das Flugzeug kreiste.

Sonntag ist Festtag bei den Quichuas und die Indianer bekleiden sich mit Federn und bemalen sich, um zu trinken und zu tanzen. Die zwei Aucas zeigten nur mildes Interesse an diesem Spektakel. Mankamu begleitete die Trommeln mit ihrem Gesang, nicht unbedingt im Takt der Trommelschläge. Als die *Chicha* gereicht wurde – das Maniokbier, die Trinknahrung der Indianer, die aber zur Haltbarmachung bis zu den Festen fermentiert wurde – folgten die Quichuas ihrer Gewohnheit, nur etwas zu trinken und den Rest in dem Flaschenkürbis zu lassen. Mankamu und Mintaka machten es wie zu Hause und tranken das Gefäß leer, weil sie nicht wussten, wie giftig der Bodensatz ist. Mankamu klagte auch schnell über Kopfschmerzen und Mintaka musste sich übergeben.

Ich war heilfroh, dass die Quichua-Männer die beiden Frauen respektvoll behandelten. Mintaka ärgerte einige Frauen, weil sie ganz offen mit den Männern flirtete. Zu der Zeit wusste ich nicht, dass sie eine »Strohwitwe« war und vielleicht froh gewesen wäre, einen Mann außerhalb ihres Stammes zu finden, weil die männliche Auca-Bevölkerung arg dezimiert war.

Einige Tage später, mehr denn je überzeugt, dass das Dorf am Curaray der richtige Ort für mich und die Aucafrauen war, ging ich nach Shandia, um meine Sachen für den Umzug zu packen. Die Indianer hatten versprochen, mir ein kleines Haus zu bauen und schon den Grund vorbereitet, bevor ich wegging. Die beiden Frauen schienen willens zu sein, zu bleiben, weshalb aber, das war mir ein Rätsel. Ich konnte die meiste Zeit nicht eine Silbe von dem verstehen, was sie sagten. Immerhin war aber klar, dass sie sich nicht fürchteten.

In Shandia ließ ich mir die Schritte, die zu dieser deutlichen

Öffnung des Auca-Stammes geleitet hatten, durch den Kopf gehen. Ich hatte für diese Öffnung gebetet, wusste aber nicht, wie das geschehen sollte. Gott hatte das Unmögliche getan und machte zwei *Frauen* – keine Männer – willig, aus dem Dschungel zu kommen, gerade zu der Zeit, als ich in der Nähe war. Er hatte auch mich befähigt, ihnen so zu begegnen, dass sie ein gewisses Maß an Zutrauen gewannen. Bei der Überlegung, was der Umzug an den Curaray bedeutete, waren mir die Worte des 118. Psalms eine besondere Hilfe:

»Der HERR ist für mich, ich werde mich nicht fürchten.
Was könnte ein Mensch mir tun?
Es ist besser, sich bei dem HERRN zu bergen,
als sich auf Edle zu verlassen.
Meine Stärke und mein Gesang ist Jah.
Ich werde nicht sterben, sondern leben
und die Taten Jahs erzählen.
Dies ist das Tor des HERRN. Gerechte ziehen hier ein.
Vom HERRN ist dies geschehen,
es ist ein Wunder vor unseren Augen. …
Ach HERR, hilf doch! Ach HERR, gib doch Gelingen! …
Gesegnet sei der da kommt im Namen des HERRN.
Der HERR ist Gott. Er hat uns Licht gegeben.
Du bist mein Gott, ich will dich preisen!«

Ich kannte nur wenige Zeiten in meinem Leben, in denen ich nichts hatte, auf das ich mich stützen konnte, keinen Hinweis, welche Richtung ich nehmen sollte, und niemand, den ich um Rat fragen konnte. Dies war eine solche Zeit und als Antwort auf mein Gebet diese Worte! Sie sind schon so alt und unter völlig anderen Bedingungen geschrieben worden; aber ich hatte die unerschütterliche Sicherheit, dass ich glauben sollte, sie seien für mich geschrieben. Sie waren die Stimme Gottes. Ich ergriff sie und handelte danach und während ich das tat, entdeckte ich den Felsen, auf dem sie standen.

So gingen wir, Valerie in einem kleinen hölzernen Stuhl, den Fermin, ein Quichua-Christ, gefertigt hatte, und in dem er sie trug, und ich zu Fuß. Ein anderer Quichua begleitete uns, der unseren Hausrat trug. Valerie hatte noch nie zuvor eine längere Reise durch den Dschungel gemacht; aber die sanften Bewegungen des Stuhles ließen sie mehrere Male einschlafen. Der rauschende Regen weckte sie am späten Nachmittag, aber sie trug das mit Humor, wie ein richtiger Indianer, der nicht klagt. Mich beeindruckte, wie geschickt Fermin den Stuhl zu tragen verstand. Es war schon ein Kunststück, unter umgefallenen Baumstämmen hindurchzukriechen, auf glitschige Felsen zu klettern, sich durch dorniges Gestrüpp zu schlagen, ohne Vals Köpfchen zu schlagen oder zu kratzen oder sie vom Stuhl zu reißen. An einer Stelle, als wir einen Fluss überquerten, glitt Fermin aus. Er fiel und verdrehte sich gefährlich das Bein; aber er brachte es fertig, das Kind so zu halten, dass es nicht ins Wasser fiel und auch sonst nicht verletzt wurde.

Wir erreichten den Curaray gerade, als es dämmrig wurde, denn wir hatten wegen des ununterbrochenen Regens und wegen der Überschwemmungen von Flüssen und Pfaden acht und eine halbe Stunde für den Weg benötigt. Mankamu und Mintaka waren immer noch da und es schien ihnen selbstverständlich zu sein, dass ich mein Kind mitbrachte, wenn ich dort bleiben wollte.

Am nächsten Morgen badeten wir Frauen – Quichuas, Aucas, die weiße Frau mit Kind – gemeinsam im Fluss, nachdem die Männer zur Jagd aufgebrochen waren. Plötzlich ertönte aus dem Haus am anderen Ufer des Flusses ein Schrei: »Aucas!« Die ganze Siedlung geriet sofort in größte Aufregung und einer rief: »Sie haben schon einen umgebracht! Honorio ist tot! Schnell aus dem Fluss, Señora. Die Aucas kommen!« Obwohl der Name Aucas ein

*Die Ankunft der zwei Aucafrauen Mintaka und
Mankamu veränderte mein Leben abermals.*

*»Mein Sohn, Mein Herzenskind! Du gingst heute Morgen lebendig und
schön zur Jagd. Sie haben dich gekriegt – die Teufel, die Tiere, diese
teuflischen Aucas!« Melchiora hält die Totenklage. Die Quichuas waren
besorgt wegen der Ankunft der zwei Aucas in ihrer Siedlung, andererseits
waren sie hoffnungsvoll, weil die Feindschaft vorüber zu sein schien. Leider
wurden Ihre Befürchtungen bestätigt. Eines Morgens fand man Honorio, von
achtzehn Speeren durchbohrt. Seine Frau hatten sie mitgenommen.*

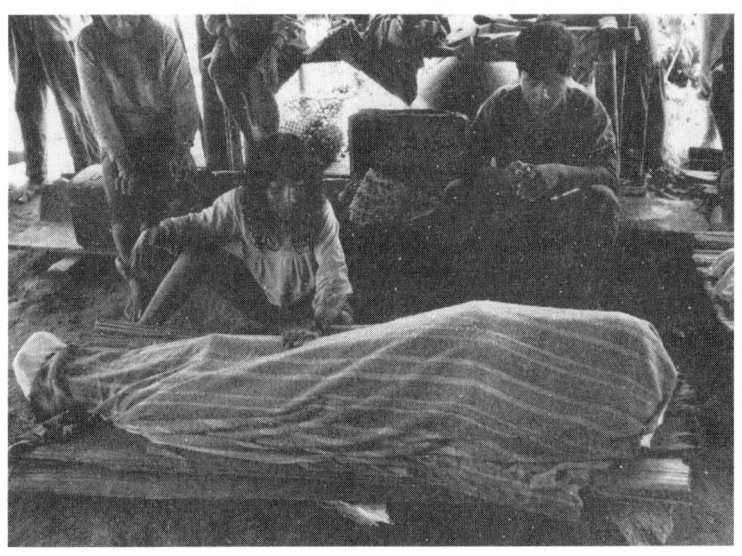

Quichua-Wort ist, begriffen Mintaka und Mankuma augenblicklich, was hier geschah.

Dario, zu dem Zeitpunkt der einzige Mann im Dorf, jagte mit der Flinte bewaffnet zum Fluss hinunter, um sich in das Geschehen zu stürzen. Mankamu folgte ihm, immerfort schreiend. Mintaka blieb teilnahmslos am Ufer sitzen, während ich mich verzweifelt anzuziehen versuchte und dabei nach einem Versteck Ausschau hielt. Wir befanden uns in einer äußerst verwundbaren Position, falls die Aucas wirklich angreifen sollten. Jedoch ins Haus zu rennen, hätte nur bedeutet, noch näher am Wald zu sein, aus dem sie jeden Augenblick hervorbrechen konnten. Weil Mintaka so ruhig auf einem nahen Felsen saß, beschloss ich, bei ihr zu bleiben. Weil sich weiter nichts ereignete, kehrten wir schließlich zu dem Haus zurück. Die Mutter des ermordeten Honorio rannte weinend umher und rief: »Wir werden zusammen sterben. Wenn sie mich umbringen, werden ich mit meinem Sohn zusammen tot sein.« Erst wollte ich mit ihr reden; aber der Gedanke an Valerie hinderte mich daran. Bevor ich hierher kam, hatte ich mir fest vorgenommen, das Kind keinen unnötigen Gefahren auszusetzen. Es war nötig, sie hierher zu bringen, einerlei, was das an Unsicherheiten bedeuten würde; aber es war nicht nötig, jetzt weiter flussabwärts zu gehen, von woher die Aucas gekommen waren. Immerhin war es möglich, dass sie noch irgendwo im Versteck lauerten.

Später kehrten die Quichuas mit dem toten Honorio zurück. Achtzehn Speere hatte man entfernt. Einer war in Blätter eines Neuen Testaments gewickelt, das die Aucas sicher bei ihrem Überfall auf Dr. Tidmarshs Hütte erbeutet hatten. Ein anderer war mit Fetzen eines Albums umwickelt, das Frau Tidmarsh vom Flugzeug hatte abwerfen lassen. Die Speere schienen neu zu sein, zumindest wieder neu geschmückt und alle waren mehr oder weniger blutig. »Tausend fallen an deiner Seite, zehntausend an deiner Rechten – dich erreicht es nicht«, kam es mir in den Sinn, als ich den Haufen Speere liegen sah. Valerie spielte zu unseren Füßen, sie setzte sich eine kleine Wanne auf den Kopf, sagte: »Hut, Mama«, und fragte nach ihrer Puppe.

Wir gingen zu Honorios Haus hinüber, wo seine Mutter und sein Bruder weinend auf dem Boden lagen und den leblosen

Körper streichelten, den sie in eine alte Baumwolldecke gewickelt hatten. Seine Frau war nirgends zu finden. Sie war mit ihm gegangen, als sie am Morgen flussabwärts zum Jagen und Fischen gezogen waren. Man fand das Kanu, einige Reste *Chicha* und seinen Hund, der tot im Sand lag, drei Speere ragten aus seinem Rücken. Maruja, die noch sehr junge Frau, war sicher von den Mördern als Gefangene verschleppt worden. Mankamu schien mir klar machen zu wollen, dass man auch mit mir dasselbe vorhätte: mich umbringen und Valerie verschleppen. Als sie den Toten sah, hielt sie den Trauernden eine sehr erregte Ansprache, von der sie aber kein Wort verstanden. Sie begann zu zittern und in ihren Augen standen Tränen. Das kreischende Wehklagen der Quichuafrauen, das bei jedem Neuankömmling an Tonhöhe und Lautstärke zunahm und die wachsende Spannung, weil die Männer nicht von der täglichen Jagd zurückkehrten, wurde immer unerträglicher. Dario fragte mich, ob ich Angst habe. Nein. »Sie werden dich auch verschleppen«, sagte er. In diesem Augenblick wehte der Wind über meine Bibel, die offen auf meinem Schoß lag. »Ich habe erkannt, dass du alles vermagst und kein Plan für dich unausführbar ist«, war der Satz, auf den mein Blick fiel. Glaubte ich das? Für kurze Zeit hatte ich das Gefühl, von den Aucas die Nase voll zu haben. Ich wäre froh gewesen, wenn ich dem Dschungel und allem was dazu gehört, den Rücken hätte kehren können.

Die Quichua-Männer begannen, von der Jagd heimzukommen, einer nach dem anderen. Sie hatten keine Ahnung von der Gegenwart der Aucas, oder von der Mordtat an Honorio. Als der Letzte, Donasco, eintraf, war er blass und angstschlotternd. Er hatte Aucas gehört, sagte er, darum sei er in einen Baum geklettert. Ungefähr zehn Meter von ihm entfernt krochen sechs Aucas durch das Unterholz. Sie hatten, wie er meinte, einen Jungen bei sich. Als er die Geschichte von dem Mord hörte, vermutete er, dass der »Junge« Maruja war. Jetzt entbrannte eine Diskussion über die Motive der Aucas.

»Das kommt, weil ihr Geschenke abwerft. Die wollen sie nicht. Ihr solltet Bomben und keine Geschenke abwerfen«, sagte eine der Frauen zu mir.

»Sie töten, weil Dr. Tidmarsh hier ein Haus gebaut hat. Sie

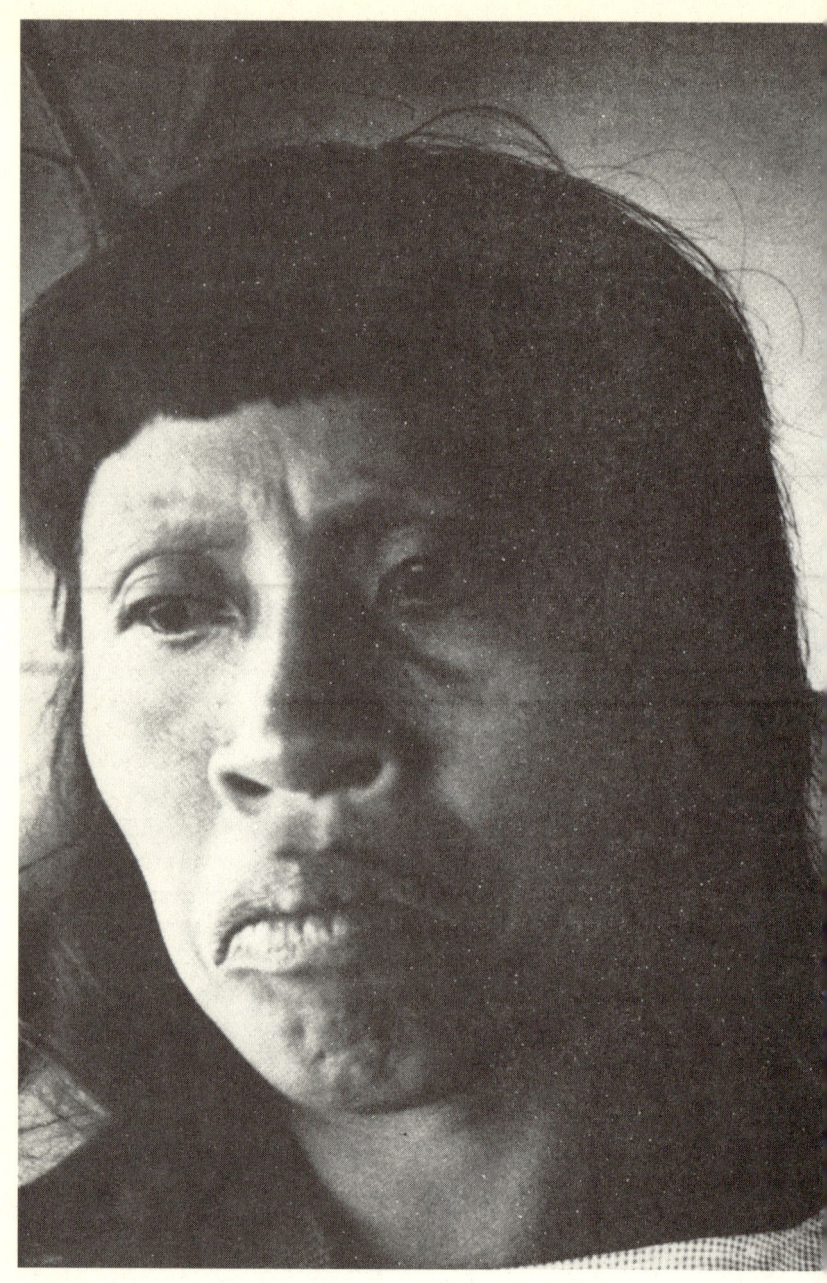

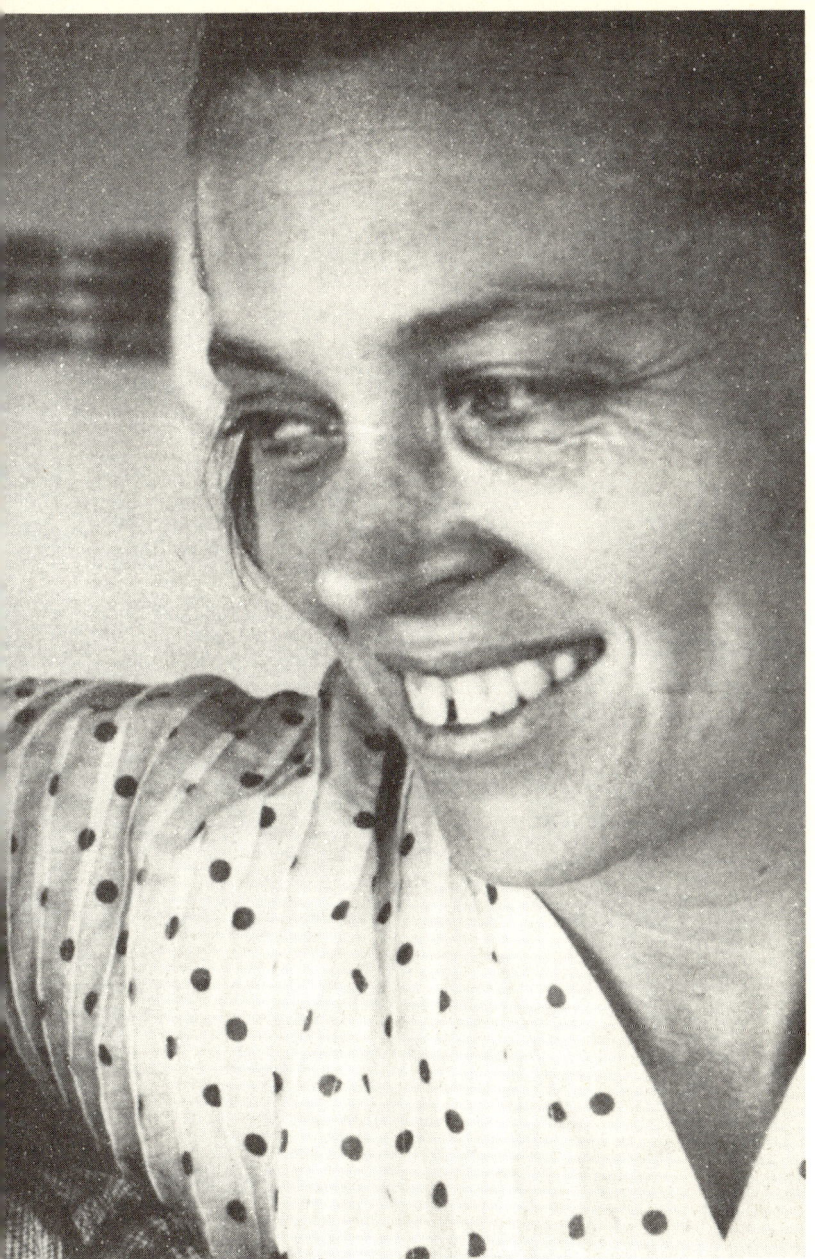

wollen die Weißen nicht. Jetzt sehen sie dich hier und wieder bringen sie Leute um.«

Dann kam ein neuer Streitpunkt auf: Die einen glaubten, wenn wir weggingen, würden die Aucas meinen, wir hätten zwei von ihren Frauen umgebracht, die anderen dagegen waren der Ansicht, wenn wir nicht weggingen, würden die Aucas wegen unserer Anwesenheit wütend werden.

Bili, eine der alten Großmütter, bat mich, einfach zu bleiben, ihnen »Gesellschaft zu leisten«. »Die Männer werden dir ein Haus bauen, Señora. Wir wollen, dass du dableibst.« Ihr Sohn Dario hörte schweigend zu.

Dann sagte er: »Sie wollen töten und töten auch immer weiter, jetzt, wo sie angefangen haben.«

»Nein, sie töten niemals zum zweiten Mal an derselben Stelle. Sie werden nicht wiederkommen«, sagte ein anderer.

Ich versuchte, herauszufinden, was Mankamu dachte. Ich erwähnte Arajuno. »Nein«, sagte sie. Ich verstand die Worte: »Mein Kind, denk immer dran.«

»Die Aucas lieben das Töten«, sagte ein Mann. »Sie betreiben das Töten als Sport. Es ist ein Spiel für sie.«

»Die sollen nur herkommen«, warf Dario ein. »Dann werden wir mit *ihnen* spielen.«

Ich fand in der Erkenntnis Frieden, in der Händen Gottes zu sein, nicht in der Gewissheit, nicht umgebracht zu werden; nicht in der falsch verstandenen Sicherheit, Gott werde mich schon beschützen, besser etwa, als Er meinen Mann, die vier Missionare oder Honorio beschützt hatte. Ich hatte nur die Gewissheit, dass Er mein Schicksal in Seinen beiden Händen hielt und dass alles, was Er tut, gut ist.

Am folgenden Morgen waren sich alle einig, das Dorf am Curaray zu verlassen. Mankamu ging bereitwillig mit nach Arajuno; sie ließ Mintaka zurück, weil sie die anderen Indianer begleiten sollte, wenn die einige Tage später die Siedlung verlassen würden. Keine der Frauen wusste, was ihnen bevorstand, auch fragte keine die andere nach ihren Plänen. Ja, als Mankamu ging, hielt Mintaka es nicht einmal für nötig, vom Obergeschoss herunter zu kommen, um ihr Lebewohl zu sagen oder sie zu fragen, wohin sie gehe.

Innerhalb einer Woche trafen wir uns in Arajuno wieder und flogen nach Shandia, wohin indianische Freunde uns eingeladen hatten, bei ihnen zu wohnen. Ich erklärte Mankamu so gut ich konnte, dass wir jetzt mit dem Flugzeug verreisen. Sie schien das zu begreifen und befahl Mintaka, als Erste einzusteigen. Mintaka tat nichts ohne Mankamus Auftrag. Etwas zögernd kletterte sie hinein, dann kam Mankamu. Als der Pilot ihr den Sicherheitsgürtel anlegte, gab sie Mintaka Anweisungen, dasselbe mit ihrem Gürtel zu machen. Der aufbrüllende Motor erschreckte sie dermaßen, dass sie ihre Gesichter hinter Tüchern verbargen; aber das dauerte nicht lange und die Neugier siegte. Sie schauten aus den Laken hervor und bestaunten die Landschaft unter ihnen.

Kapitel 3

Mintaka und Mankamu –
»Sie sind auch bloß Indianer«

Als wir in Shandia angekommen waren, standen Mintaka und Mankamu auch dort für einige Tage im Mittelpunkt. Indianer und Weiße kamen meilenweit gereist, um diese echten Aucas zu bestaunen. Die Bemerkungen zeigten, in welches Licht sich die Aucas selbst gestellt hatten – sie galten als irgendetwas Nichtmenschliches.

»Wieso, die sind ja wie wir! Sie sind auch bloß Indianer!«

»Essen sie? Sprechen sie?« Die letzte Frage wurde von einem der Zuschauer beantwortet, bevor ich zu einer Erwiderung Gelegenheit hatte: »Nein, dumme Frage. Aber sie stoßen Laute aus, nicht wahr, Señora?«

»Und sie haben nur zwei Beine! Ich habe immer gemeint, sie hätten ungefähr sechs; aber ich habe sie eben gezählt; es sind nur zwei«, so einer der Schuljungen in Shandia.

Wir wurden bei einer Familie gläubiger Indianer in Shandia aufgenommen. Ein Bambusbett wurde für Mintaka und Mankamu im Hauptraum des Hauses nahe bei der Feuerstelle errichtet. Ich erhielt eine Ecke in einem Schlafzimmer, das von einem Ehepaar bewohnt war. In kürzester Zeit hatten die Indianer einen Anbau an ihr Haus gebaut, in dem ich eine winzige Küche, einen Raum zum Arbeiten und Platz für Valeries Bett fand.

Jetzt begann das ernsthafte Sprachstudium. Rachel Saint schickte mir einige Angaben, die mir sehr voranhalfen, die Grundzüge der Grammatik zu begreifen. Sie hatte mehrere Jahre mit Dayuma an der Auca-Sprache gearbeitet. Das Tonband, das Mankamu für Dr. Tidmarsh angefertigt hatte, wurde an Dayuma und Rachel in die Vereinigten Staaten geschickt und sie übersetzten es für uns. Ich erfuhr, dass Mankamus Tochter gestorben war. Das hatte zu ihrem Wunsch geführt, ihre Heimat zu verlassen

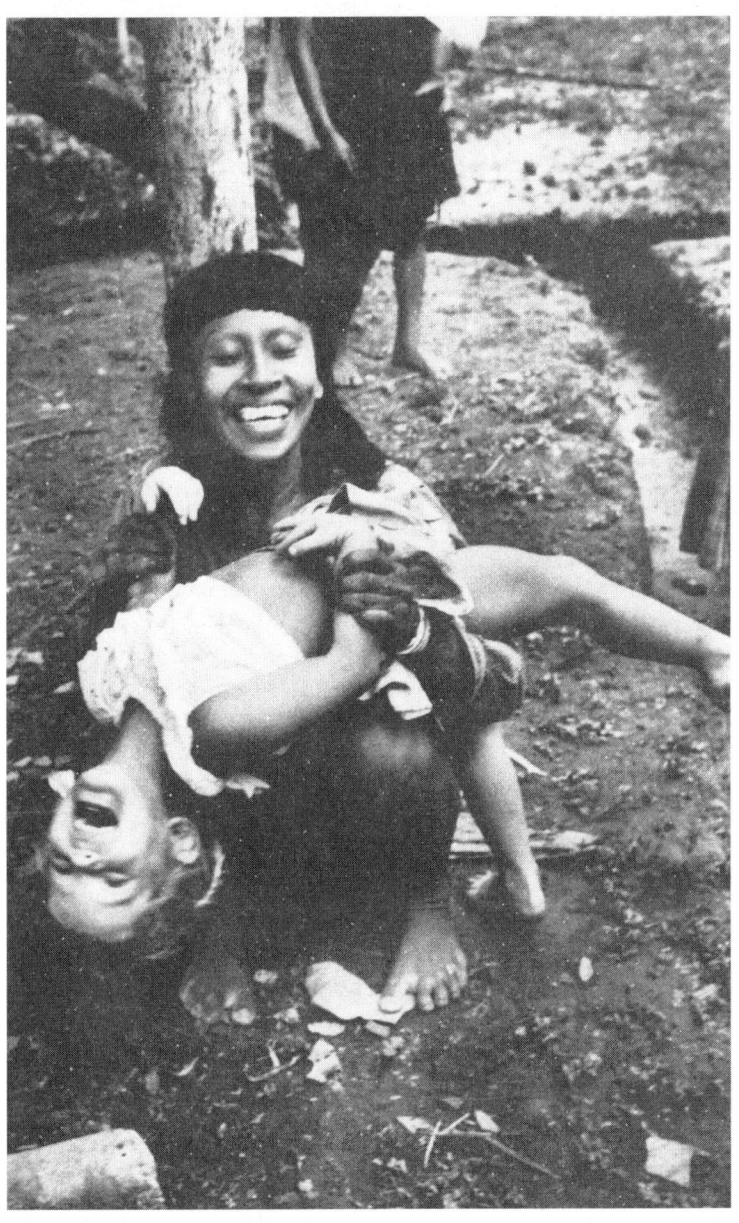

Zwischen Mintaka und Valerie gab es sehr bald keine Hemmungen mehr.

und zu den Fremden zu gehen. Die Informationen auf dem Band reichten auch aus, die Namen der zwei Frauen zu erfahren und dass sie beide Dayumas Tanten waren. Ein von Dayuma hergestelltes Band spielte ich vor Mankamu und Mintaka ab und nahm gleichzeitig deren Kommentare und Antworten auf Dayumas Fragen auf. Das Band schickte ich wieder zu Dayuma. Sie erfuhr dadurch, dass ihre Mutter noch lebte, ihr Lieblingsbruder aber schon vor Jahren umgebracht worden war.

Obwohl sich Mankamu und Mintaka an der normalen Arbeit in einem Quichua-Haushalt beteiligten – auf den Maniokfeldern Unkraut pflücken, um ihren Essensanteil zu verdienen – hatten sie keine weiteren Verpflichtungen und brachten demzufolge die meiste Zeit ausgestreckt auf ihren Bambusbetten zu. Sie dienten als Psychiater-Couch. Ich merkte, dass wenn ich mich mit Bleistift und Papier an ihr Bett setzte, Mankamu gewöhnlich zu sprechen anfing. Sie ließ nicht erkennen, ob sie begriff, dass ich kein Wort von dem verstand, was sie sagte. Sie redete sehr schnell, oft mit einem Mund voller Maniok, und fast immer, indem sie mir den Rücken zuwandte und die Wand anblickte. Manchmal lehnte ich mich über sie, um ihren Mund zu sehen, weil ich einen Laut nicht schriftlich fixieren kann, wenn ich nicht sehe, wie er hervorgebracht wird. Aber selbst wenn ich ihren Mund sah, der übrigens sehr wenige Zähne hatte, half das wenig, wenn ich ihn über Kopf anblickte oder wenn er voll war. Oft meinte sie, flüstern zu müssen und erzählte Geschichten vom Töten, die die anderen Indianer nicht hören sollten. Weil die Quichuas dasselbe bejahende Räuspern wie die Aucas machten, waren die beiden Frauen völlig sicher, alles was sie sagten, würde verstanden. Die Tatsache, dass sie die Quichuas nicht verstehen konnten, hatte nichts damit zu tun. Ich hatte schon vorher gehört, dass die Indianer ihre Sprache für universal halten. Klar, es gab welche, die sie nicht sprechen konnten; aber ganz gewiss mussten sie sie »hören« – wenn ich sie fragte – auch ausgebildete Quichuas – ob sie Englisch verstünden. Sie antworteten dann: »Na, jeder kann doch sehen, dass *diese* Sprache unhörbar ist; aber unsere Sprache – oh, das ist ganz etwas anderes. Jeder kann sie verstehen.« Daher nahm ich an, die Aucas hätten die gleichen Ansichten. Wenn ich den Satz, den ich gut gelernt hatte, wiederholt sagte: »Ich verstehe das nicht«, wurden sie manchmal sehr unwirsch. »Das *kannst* du verstehen. Du redest Unsinn!« (Das letzte Wort hatte ich aus Rachels Vokabelliste gelernt.)

Es gab Zeiten, in denen mir meine beiden Anvertrauten verzweifelt einen Wunsch deutlich machen wollten. Ich wusste nicht, was ich anfangen sollte. Gerne hätte ich ihnen alles Notwendige gegeben und jeden Komfort bereitgestellt; aber meine Unwissenheit über das Leben, aus dem sie kamen, machte es mir unmöglich, zu erraten, was ich noch tun könnte. Ich hatte ihre Wünsche auf die einzige mir mögliche Art zu beurteilen versucht – aufgrund der Erfahrung mit den Quichuas. Ich meinte, sie äßen die gleichen Dinge, kochten sie auf die gleiche Weise und pflanzten und sammelten sie genauso wie diese. Wo ich irgendeinen Mangel feststellte, tat ich alles, um diesen abzustellen, allerdings oft ohne Erfolg. Mintaka pflegte dies als persönliche Beleidigung aufzufassen; sie sprach daraufhin tagelang mit niemandem, sondern saß dann in höchster Erregung auf der Kante ihres Bambusbettes und schnauzte jeden an, der in ihre Nähe kam. Mankamu schien meine Schwierigkeiten zu begreifen und setzte ihre Bemühungen fort, mir etwas verständlich zu machen. Obwohl sie sehr geschickt ihre normale Unterhaltung durch Gesten zu unterstreichen wusste, benutzte sie diese nicht als Wort-Ersatz, wenn ich den von ihr laut gerufenen und immer wiederholten Worten nicht entsprechen konnte.

Trotz meiner ärgerlichen Dummheit akzeptierten mich beide Frauen die meiste Zeit mit gutmütiger Toleranz, gelegentlich zeigten sie sich sogar herzlich. Mintaka mochte gern mit Valerie spielen. Sie kitzelte und streichelte sie, wie Mütter es tun. Dann wieder war sie ungeduldig mit ihr, manchmal schlug sie sogar. Mankamu andererseits, war zwar nie herzlich, aber auch nie ungeduldig. Sie pflegte, sie Huckepack auf den Dschungelpfaden zu tragen, oder sie befahl Mintaka, es zu tun. Immer, wenn sie ans Wasser zum Schwimmen oder Fischen gingen, kam Valerie mit. Sie teilten das Essen mit ihr, wenn sie hinging, »ihnen beim Essen zuzuschauen«, wie sie sagte. Sie mochte lieber indianisches Essen, als das, was ich kochte. Sie hatte es kennen gelernt, wenn sie hinging »zuzuschauen« und man ihr etwas abgab. – Eigentlich war es ihr verboten, betteln zu gehen.

Ich fuhr fort, bei der medizinischen Betreuung auf der Station Shandia mitzuarbeiten. Wenn ich eine Spritze zu geben hatte, nahm ich bewusst Mintaka und Mankamu mit, um dem Vorgang zuzuschauen, für den Fall, dass sie einmal eine Injektion nötig hätten. Ich wollte sie sehen lassen, dass die Indianer um einen Nadelstich baten und ich hoffte natürlich, dass sie den Zusammenhang zwischen der Arznei und der Gesundung begriffen. Sie fanden es schrecklich ulkig, wenn sie die Patienten zusammenzucken sahen; aber einige Wochen später, als bei Mankamu eine sehr schwere Bronchitis ausbrach, verschrieb ihr der Arzt Penicillin. Ich zeigte ihr die Flasche und die Nadel und sie schob ohne Zögern den Ärmel nach oben.

Eines Nachts hörte ich Mankamu weinen. Ich ging hinaus zur Feuerstelle, wo sie saß und einen glühenden Ast dicht an die böse geschwollene Wange hielt. Ich fing das Wort »Zahn« aus ihrem Redeschwall auf. Am nächsten Tag arrangierte ich einen Flug zum Militärzahnarzt in die kleine Stadt Shell Mera. Sie und Mintaka wussten offensichtlich, wozu die Reise dienen sollte und packten alle ihre weltliche Habe ein – Kämme, Spiegel, Topf, bunte Perlen usw.

»Sollen wir den Topf mitnehmen? Sollen wir die Decke mitnehmen?« Als ich das verneint hatte, war es nicht leicht, sie von der Notwendigkeit eines zweiten Kleides zu überzeugen. Das war das Letzte, was ein Auca für nötig hält.

Diesmal gab es keine Probleme beim Besteigen des Flugzeuges. Sie genossen sogar das Fliegen und als sie den Kleinlaster sahen, der darauf wartete, uns zum Zahnarzt zu bringen, sprangen sie sofort hinten drauf, obwohl es das erste Fahrzeug außer einem Flugzeug war, das sie zu Gesicht bekamen. Beim Zahnarzt setze sich Mankamu gehorsam auf den Behandlungsstuhl und erduldete die Spritzen und das Rucken des Backenzahnes; jetzt hatte sie nur noch zwei, die aber waren ganz gesund. Mintaka hatte sich auf dem Fußboden niedergelassen und lachte hinter vorgehaltener Hand, als der Zahnarzt den bösen Zahn in die Ecke schleuderte. Mankamu zitterte wegen der Schmerzen, aber gab keinen Klagelaut von sich. Sie konnte einen Sinn in der Prozedur erkennen, was leider später nicht der Fall war, als ich sie röntgen wollte. Das Gerät war altmodisch und die Platte musste ganz dicht an den Patienten gehalten werden. Es gab einigen Kampf, bis sie endlich meinen Demonstrationen Folge leisteten – ihr Kinn hochhoben, die Ellbogen nach vorn hielten, still standen und tief einatmeten! Mintaka weigerte sich schlicht, bis Mankamu begriff, dass es uns ernstlich darum ging, dass sie es uns nachmachten. Da befahl sie Mintaka, gehorsam zu sein. Trotzdem haben sich beide bewegt und wir erlebten den dummen Vorgang am nächsten Tag noch einmal, sehr zu ihrem Missvergnügen. Der Tuberkulosetest erwies sich als negativ und die ärztliche Untersuchung, der sie sich widerspruchslos unterwarfen, zeigte, dass sie stark und gesund waren.

Als wir die Straße in Shell Mera hinuntergingen, kam ein Lastwagen schlingernd und mit viel Krach auf uns zu. Die Frauen ergriffen Valerie und sprangen in den Graben, ich mochte ja sterben, wenn ich wollte, aber Val sollte gerettet werden. Als der Laster vorüber und ich unbeschädigt war, kamen sie kichernd und verlegen wieder hervor. Der Anblick eines Maultiers war ein Schock für sie, besonders, weil es keine Anstalten machte, zu entkommen, wie alle Tiere, die sie kannten. Aber das Geschrei eines Esels und das wilde Rufen eines Mannes, der vorüberritt, verursachten beinahe hysterische Reaktionen, der Erste aus Furcht, der Zweite vor Vergnügen.

Einige Wochen später erfuhr ich wieder eine Ermutigung: Mankamu machte tatsächlich Anstrengungen, mir die Sprache beizubringen. Bis dahin hatten Mintaka und sie anscheinend angenommen, ich wüsste bereits alles. Weder wollten sie etwas wiederholen, noch wäre ihnen in den Sinn gekommen, langsamer zu sprechen, damit ich sie verstand. Wir waren eines Tages unterwegs, als wir zwei Männer sahen, die ein Strohdach zusammenwebten. Mankamu sagte: »Was machen die?« Sie lächelte. Es war deutlich, dass sie wusste, was die Männer taten. Sie wollte, ich solle ihr das in ihrer Sprache sagen! Ich sagte, ich wisse das nicht und sie gab mir sofort die korrekte Dualform (in Auca gib es den Dual, d.h., »Wir zwei …, ihr zwei …«, natürlich auch den Plural: »wir …, ihr …«) für das Verb »weben« und wartete sogar, damit ich es wiederholen konnte. Das empfand ich als einen richtigen Fortschritt.

Außerdem gab es Augenblicke höchsten Interesses für mich

persönlich, wenn sie ihre Wahrnehmungen der fünf Missionare beschrieben. Mintaka entdeckte einen großen Strohhut, der an meiner Wand hing. Sie setzte ihn auf, lehnte sich über mein Bett und rief in Auca mit amerikanischer Intonation so etwas wie: »Wir mögen euch. Wir werden euch Geschenke geben.« Plötzlich begriff ich, dass sie Pete Fleming imitierte, der einen Strohhut trug und vom Flugzeug aus den Aucas zugerufen hatte. Bei einer anderen Gelegenheit, als wir in Shell Mera waren, ging Mankamu mit zum Boden hinauf, um die Speere zu betrachten, die wir seit der Ermordung des Quichua Honorio aufbewahrten. Sie erkannte bei jedem, wer ihn gemacht hatte an der Art der Einkerbungen oder an den verwendeten Vogelfedern. Dann sah sie das kleine Fenster am Ende des Bodens. Sie ging hin, steckte den Kopf hinaus und rief Sätze, die sie vielleicht von den Piloten gehört hatte, die nach dem Januar 1956 über ihre Siedlung geflogen waren. Ich zeigte ihr einen Korb, in dem Nate Saint einen lebenden Papagei bekommen hatte. »Den hab ich gemacht«, sagte sie und sie beschrieb, wie sie ihn gewoben hatte, wie Akawu das Seil gefertigt hatte, mit dem er umwunden war. Ein anderer hatte ein Stück Baumrinde geliefert, um sie darum zu wickeln und Minkayi hatte den zahmen Papagei geschenkt. Als der Mann die Spiralleine fallen ließ, waren sie alle aufgeregt gelaufen, um das Bündel fest zu binden. Wie Nampa, ein junger Mann, sah, dass es sicher in den Himmel gezogen wurde, kam ihm eine Idee. Das nächste Mal band er das Seil um seine eigene Hüfte. »Ich gehe zu den Fremden«, rief er. Aber Nate hatte vorsichtshalber eine nicht so haltbare Leine genommen, damit die Aucas nichts zu Schweres fest binden konnten. Nampa war sehr enttäuscht.

Dann wieder gab es Zeiten, in denen mir die Unkenntnis der Sprache besonders ärgerlich war. Ich nahm die Frauen mit zu einem Besuch bei Umi, einer Aucafrau, die auf einer Hazienda in der Nähe von Shandia wohnte. Ich hatte sie nicht vorgewarnt; aber sie erkannten sie augenblicklich, obwohl sie sich jahrelang nicht gesehen hatten. Umi hatte ebenfalls den Stamm verlassen und weil sie die ganze Zeit mit Quichuas zusammenlebte, hatte sie ihr Auca größtenteils vergessen. Obwohl sie verstand, was zu ihr gesagt wurde, wurde sie bei dem Versuch zu antworten völlig verwirrt und ich merkte schnell, dass ich ihrem Quichua-

Mischmasch mit meinem Auca-Mischmasch zur Hilfe kommen musste, damit Mintaka und Mankamu sie verstanden.

Als ich den Frauen Nate Saints Farbdias zeigte, die er von den drei Aucas – Mintaki, Gimari und Naenkiwi – auf »Palm Beach« aufgenommen hatte, zeigten sie sich nur mäßig verblüfft und ich konnte kaum verstehen, was sie sagten. Immerhin begriff ich, dass Gimari (»Delilah«) Dayumas jüngere Schwester ist und dass Naenkiwi (»George«) nicht mehr lebte. So erfuhr ich Stück für Stück, was uns so lange unerklärlich war.

Im Frühjahr brachte ich sie in die modernste Stadt Ecuadors, in die Hafenstadt Guayaquil. Man warnte mich vor Gefahren, sie könnten gekidnappt werden oder sich eine schwere Krankheit der Weißen zuziehen, gegen die sie keine Abwehrstoffe hätten. Aber ich hielt es für wichtig, dass wenn sie zu ihren Leuten zurückkehrten, sie ihnen aus erster Hand etwas über die Welt der Fremden berichten konnten und dass sie nach Hause wollten, hatten sie wiederholt geäußert. Wir fuhren mit Bus, Jeep und Zug über den 4.000 Meter hohen Andenpass, der sie wegen der Kälte stark beeindruckte. Dann ging es über den steilen westlichen Abfall in die Küstenebene hinab. Guayaquil mit seinen modernen Gebäuden, Autos, Fährbooten, Neonlichtern und Straßen mit breiten Bürgersteigen beeindruckte die beiden Frauen nicht sonderlich, nur der Markt weckte ihr Interesse. Als sie die häuserlangen Bananenstände sahen, staunten sie nur: »Wer kann denn bloß so viele Bananen für einen Tag abgeschnitten haben? Und wer soll die essen?« Sie waren außer sich vor Freude, als wir zum Fischmarkt kamen und ich ihnen sagte, sie könnten sich aussuchen, was ihnen gefiele. Aus dem verwirrenden Angebot an Seefischen wählten sie sich zwei Sorten, die sie an Bekanntes erinnerten: Krabben und Flusskrebse. Diese warfen sie einfach unter das Bett, bis auf die, die sie über einer Kerosinflamme brieten, um sie gleich zu verzehren. In Guayaquil war es auch, wo sie zum ersten Mal Gelegenheit hatten, den gesamten Buntfilm von Mintaka, Gimari und Naenkiwi zu sehen, den Nate gedreht hatte. Sie kicherten und Mintaka wurde ziemlich verlegen, als sie ihr Bild auf der Leinwand erblickte; aber abgesehen davon langweilte sie die Sache. Mintaka sogar so sehr, dass sie Kopfschmerzen vorgab und aus dem Raum ging, bevor der Film zu

Ende war. Mankamu immerhin erklärte uns, was sie da taten und wer das war. Ihr gefiel es, auf diese Weise etwas über Gimaris Verhalten gegenüber Naenkiwi herauszubekommen, der damals noch nicht ihr Ehemann war!

Ich hatte gehofft, der Ausflug nach Guayaquil würde sich fruchtbar auf die Arbeit an der Sprache auswirken. So hatte ich mein Notizbuch immer bei mir; aber ich musste feststellen, dass die Frauen sehr wenig sagten. Als ich die Ergebnisse überprüfte, entdeckte ich, dass ein Wort sehr häufig vorkam. Es wurde als Antwort auf Fragen nach der Bergflora genannt oder nach den schneebedeckten Bergen, nach Ziegen, Schafen und Kaninchen. Erst später sah ich, dass ich dieselbe Antwort auf alles bekam, wonach ich fragte. Ich dachte, der ihnen entlockte Ausdruck würde zu einem interessanten Vergleich aus ihrer Erfahrungswelt führen, obwohl ich wusste, dass all diese Begriffe neu für sie waren. Später bekam ich heraus, dass diese Äußerung schlicht bedeutete: »Wer kann schon wissen, was *das* ist!?«

Ich machte nur schmerzlich geringe Fortschritte in meinem Sprachstudium und erleuchtende Augenblicke waren so selten, dass ich oft entmutigt war. Eines Morgens bat ich Gott, Er möge mir doch helfen, etwas bahnbrechend Neues zu verstehen, von dem, was die Frauen mir sagten.

Ich ging in den großen Mittelraum, wo sie ihre Babusbetten hatten, und setzte mich mit Notizbuch und Füller hin. Mankamu begann, von ihrem Zuhause und von ihren Kindern zu sprechen. Ihre Kinder lebten noch alle, als sie fortging. Sie hatte ihnen versprochen, zurückzukehren. Die Zeit war jetzt gekommen. Sie wollte sie wiedersehen.

»Du wirst mit uns gehen, Gikari. (Sie benutzte den Namen, den Mintaka mir gegeben hatte: »Waldspecht.« Ich konnte nie herausfinden, wie sie darauf kam.) Wir werden mit dem Flugzeug zum Haus des Doktors (Tidmarsh) fliegen. Von dort aus gehen wir zu Fuß. Wir kennen den Weg. Wir werden Valerie tragen. Wir werden bei Gikita (Mankamus Mann, Mintakas Bruder) wohnen. Er wird für uns fischen und uns Fleisch aus dem Wald bringen. Wir werden ein gutes Haus haben – das Dach wird nicht leck sein wie dies. Da gibt es eine Menge Pisang (Bananen) und Maniok; aber wenn du willst, kann das Flugzeug dir dein Essen bringen. Wir werden dir beim Aufsammeln helfen. Du wirst unsere Kinder sehen. Sie sind so alt (dabei zeigte sie auf einige anwesende Kinder). Sie werden dich und dein Kind lieb haben. Du wirst deine (Spritzen-) Nadel mitnehmen und kranken Leuten helfen. Es wird uns allen gut gehen.«

»Aber sie werden uns aufspießen, oder nicht?«, fragte ich.

»Die Leute vom unteren Fluss tun so etwas. Die sind weit weg.«

»Aber eure Leute haben meinen Mann umgebracht. Sie werden auch mich erstechen.«

»Gikari! Dein Mann war ein *Mann! Du bist eine Frau!*«

»Aber was ist mit Dabu und Munga? Werden sie mich nicht umbringen?«

»Dabu ist mein Verwandter! Wir werden ihm sagen: ›Hier ist unsere Mutter. Sie ist wie Ipanai (Mintakas Mutter). Wir lieben sie. Sie ist gut.‹«

Das schien überzeugend genug zu sein, zumal ich nur allzu gern überzeugt sein wollte. Aber in den kurzen Morgenstunden, wenn ich wach lag und darüber nachdachte, was ein solcher Umzug bedeuten konnte, brauchte ich weit mehr, als das Wort einer Aucafrau. Ich bat den Herrn um Sein Wort. Es kam, aus dem Buch Nehemia:

»Du bist es, HERR, Gott, … Du hast sein Herz treu vor dir erfunden und hast mit ihm den Bund geschlossen, das Land … seinen Nachkommen zu geben. … Und du hast dein Wort aufrecht erhalten, denn du bist gerecht. … Und in einer Wolkensäule hast du sie bei Tage geleitet und in einer Feuersäule bei Nacht, um ihnen den Weg zu erleuchten, auf dem sie ziehen sollten. … Du hast ihnen klare Rechtsbestimmungen … gegeben. … Und deinen guten Geist hast du gegeben, um sie zu unterweisen. … Und vierzig Jahre hast du sie in der Wüste versorgt, sie entbehrten nichts. … Und du hast sie in das Land gebracht … Und du hast vor ihnen die Bewohner des Landes gedemütigt.«

Er tat das für ein Volk in alter Zeit. Er konnte es auch für uns tun. Ich nahm die Worte buchstäblich und dankte Ihm, dass Er bereitstand, Valerie und mich zusammen mit Mintaka und Mankamu zu ihrem Stamm zu bringen.

Die wenigen, die von diesem Vornehmen wussten, schrieben sofort, um mich zu warnen und mich zur Vernunft zu rufen. Einige sagten mir klipp und klar, ich hätte mich getäuscht. Alles völlig zu missachten, was man die »elementarsten Regeln der Vernunft« nennt, sei Tollheit. Ich brauchte wahrhaftig keinen klareren Beweis von der Natur der Leute, die ich zu besuchen beabsichtigte, als die Behandlung, die mein Mann von ihnen erfahren hatte. Ich wusste, dass meine Position nicht zu verteidigen war. Aber ich wusste genauso gut: Dies war die mir zugewiesene Aufgabe. Und diese Aufgabe hielt ich für den Willen Gottes. Ich hatte keine Stimmen vernommen, keine Visionen gehabt. Aber es schien mir, dass die Bibel mich täglich aufs Neue vergewisserte, dass ich Gottes Absichten nicht missverstanden hatte, und danach handelte ich. Denn die Bibel betrachte ich als das Buch, das die Grundsätze enthält, nach denen man leben muss, wenn man wirklich frei sein will. Eines Morgens kam ich bei der Bibellese an das Buch der Königin Esther. Sie kannte sehr wohl das Gesetz, dass jeder, der unaufgefordert in die Gegenwart des Königs trat, getötet werden sollte. Aber sie wusste ebenfalls, dass sie hineingehen musste, um sich beim König für ihr Volk zu verwenden. Das illustriert wieder den Grundsatz: Wenn ein Auftrag deutlich ist, spielen die damit zusammenhängenden Gefahren keine Rolle.

Zuletzt erhielt ich eine Nachricht, auf die ich gewartet hatte: Rachel Saint und Dayuma waren wieder in Ecuador und luden Mintaka, Mankamu, Valerie und mich ein, sie in ihrer Dschungelstation zu besuchen. Ich sagte den beiden Frauen nicht, wohin wir gingen, auch hatte ich Dayumas Rückkehr nicht gemeldet, doch als sie aus dem Flugzeug stiegen und sie sahen, bemerkte Mintaka nur: »Das ist Dayuma« und Mankamu startete einen »Schnellfeuerbericht« von all dem, was seit Dayumas Flucht von dem Stamm geschehen war. Obwohl Dayuma aus den von Mankamu an sie geschickten Tonbändern wusste, dass ihre beiden Brüder tot waren, brach sie in Tränen aus, als sie es nun direkt von ihr hörte.

Wir verbrachten ungefähr zwei Monate miteinander – die drei Aucafrauen, Rachel und ich und arbeiteten an der Sprache. Dann fanden sie es an der Zeit, zu ihren Leuten zurückzukehren.

»Ich habe versprochen, zurückzukehren, wenn der Kapok reif ist. Jetzt ist es soweit, Gikari. Ich gehe nach Hause«, sagte Man-

Sonnenschein, klares Wasser, sogar eine Ente zum Spielen – das kleine weiße Mädchen hatte alles, was es begehrte.

Rachel Saint, Schwester des Piloten, der mit meinem Mann und drei anderen Missionaren umgebracht war, spricht mit den Aucafrauen und verwendet dabei alles, was sie in mehrjährigen Studien zusammen mit Dayuma gelernt hat.

kamu. Dann machten sie ein Tonband für mich, das mir nach arbeitsreicher Übersetzung weitere Einzelheiten offenbarte:

»(Wenn ich heimkomme) werde ich zu meinem Bruder sagen: Hab keine Angst. Wir wohnten in Gikaris Haus. Sie ist gut. Sie kommt und will bei uns wohnen. Wir werden eine Landebahn bauen. Von jetzt an wirst du niemand mehr umbringen. Gottes Wort sagt: Hab keine Angst. Lüge nicht. Du musst das den anderen sagen. Allen musst du es sagen. Wir werden gut miteinander leben. Das habe ich unterwegs gelernt. Sorge nur für das Essen – denke nicht daran, andere umzubringen. Wenn die Monate vergehen, wirst du Gikari kennen lernen. Fürchte dich nicht vor ihr!

(Auf dem Weg zu unseren Häusern) werden wir am Añangu schlafen. Am nächsten Tag werden wir noch auf der Reise sein. Am dritten Tag werden wir ankommen.

Männer, Brüder, Väter – Leute, wie unsere Verwandten werden uns zu besuchen kommen, werde ich meinen Leuten sagen. Fürchtet sie nicht. Baut Gikaris Haus. Wir werden sie herbringen. Baut auch ein Gästehaus und eine Landebahn. Wenn sie hier ist, werden ihre Freunde manchmal kommen und hier schlafen. Sammelt Tiere zum Spielen im Dschungel. Die könnt ihr ihnen zum Tausch für ihre Gaben schenken.

Meine Leute werden einwilligen.

Wenn sie mit dem Flugzeug kommen, werdet ihr sie sehen. Sie werden euch zu einem Flug mitnehmen. Ich bin auch schon geflogen. Sie werden euch Gottes Wort lehren. Das müsst ihr hören und euren Kindern beibringen. Hört gut zu – hört sie singen. Es ist gut, was sie euch lehren.

Wir werden am Lahuano Häuser bauen und eine schöne Lichtung schaffen. Ihr und ich, wir werden unsere Häuser nebeneinander bauen. Ich werde ihnen sagen, wie man eine riesengroße Landebahn baut und alle Bäume umhackt.

Letzte Nacht habe ich geträumt, ich hätte einige Quichua-Frauen mit dorthin genommen, und meinen Verwandten gesagt, sie möchten ihnen etwas Holz fällen.

Wenn ich nicht bald nach Hause gehe, werde ich meine Leute nicht wiederfinden. Sie werden weit weg sein. Sie warten bis jetzt, weil nun der Kapok reif ist. Wenn ich nicht komme, bevor er abgeerntet ist, werden sie wegziehen.

Sie können dann irgendwo verstreut in den Wäldern in kleinen Hütten wohnen. Wir könnten nicht einmal ihre Fußspuren finden. Wir müssen gehen, solange sie noch an einem Ort beisammen sind. Dann werden sie uns hören und ›Ja‹ sagen.

Ich werde zu Dabu (ihrem Bruder) sagen: Denkst du daran, wie du geweint hast, als ihr die Fremden umbrachtet? Sie waren gute Leute. Du wolltest, sie wären am Leben geblieben. Die Frau des einen lebt. Du musst für uns mit dem Speer Fische fangen. Von jetzt an wollen wir glücklich miteinander leben. Alles wird anders werden. Wir werden nicht mehr weinen.

Ich habe einige *Chonda*-Blüten gesehen. Das bedeutet, nach Hause zu kommen. Fast ein Jahr ist um. Meine Kinder werden nicht gut tun, wenn ich nicht nach ihnen sehe. Sie werden meinen, ich sei tot und machen, was ihnen gefällt.

Nimu (Rachel)sagte: Du bist noch krank. Du kannst jetzt nicht gehen. Wir sagten: Uns geht es gut. Wir sollten lieber gehen, solange es uns gut geht.

Ich werde meinen Leuten sagen, sie sollen dir ein Haus mit Fußboden bauen. Ich werde ihnen sagen: Hört auf, die Quichuas zu fürchten. Fürchtet nur die, die unten am Fluss wohnen. Ich werde sie alle an die Arbeit kriegen, das Haus und die Landebahn zu bauen.

Wenn wir an Gott glauben, wird es uns gut gehen. Viele, die wir kennen gelernt haben, waren Gläubige, werde ich ihnen erzählen. Ihr müsst alle auch eine gläubige Schar werden.«

Und so flogen wir an einem Septembermorgen nach Arajuno. Dayuma, Mintaka, Mankamu, drei Hundewelpen, Aluminiumtöpfe, Messer und Perlen für die Aucas und Valerie und ich. Die drei Frauen hatten entschieden, ich solle sie bei ihrem ersten Be-

Rachel Saint und ich vergleichen unsere Notizen über die Sprache, die Ergebnisse ihrer Studien mit Dayuma und meiner mit Mintaka und Mankamu. Ein Karteisystem war die einzige Möglichkeit, die Daten zu ordnen.

Dayuma, eine christliche Aucafrau, die ihr Volk Jahre zuvor verlassen hatte, übersetzt für mich ins Quichua, was Mintaka sagt. Mintaka fühlt sich in einer Palmfaser-Hängematte wohl, wie sie von den Aucafrauen gewoben wird.

56

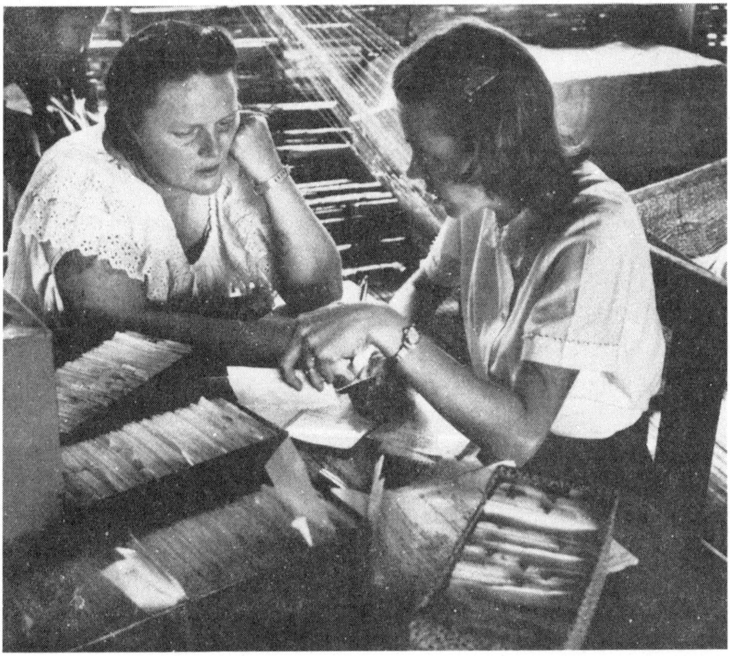

such in ihrem Stamm nicht begleiten. »Du wartest hier bei dem Doktor«, sagte Mankamu. »Du kannst gut bei deinen Quichuafreunden bleiben. Eines Tages werden wir zurückkommen und dich zu uns nach Hause holen.«

Sie machten sich von der Landebahn aus direkt auf den Dschungelpfad, der sie aus der Zivilisation brachte. Wir beteten noch nahe am Waldrand miteinander, bevor sie uns verließen. Dayuma betete in Auca, dann verschwanden sie zwischen den Bäumen. Ich fragte mich, ob wir sie je wiedersehen würden. Dayuma war nicht sicher, ob ihre Leute sie nicht umbringen wollten. Werden sie nicht auch böse auf Mintaka und Mankuma sein, weil sie so lange weg waren?

Eine Woche später flogen Dan Derr, der MAT-Pilot und ich über die Aucasiedlung, um ein Lebenszeichen von den drei Frauen zu erhalten. Die Aucas schienen anwesend zu sein. Und ich sah einige, die Kleider trugen; aber von Dayuma war bestimmt nichts zu entdecken. Eine Frau sah aus wie Mankuma. Sie sprang auf und nieder, gestikulierte wild und schrie etwas. Ich sah, wie sie auf einen großen Mann an ihrer Seite zeigte. War das Gikita, ihr Mann? Ich rief, was sie mir zuvor zu rufen aufgetragen hatte: »Ich bin Gikari. Ich bin gekommen. Ich sehe euch. Ich bin Gikari.« Natürlich rief ich ihren Namen und Mintakas. Ich fragte: »Wo ist Dayuma? Wo ist Mintaka?« Sie gestikulierte wieder, aber so unklar, dass ich nicht sagen konnte, ob ihre Pantomime einen Mord darstellen sollte oder ob sie bedeutete, sie wüsste es nicht.

Sie hatte einige Schmuckstücke bei mir gelassen. Die warf ich ab, so dass die anderen bei ihr sicher sein konnten, dass ich tatsächlich Gikari war, wie sie ihnen erzählt hatte. In dem kleinen Päckchen war auch ein Bild von Mankamu, Mintaka, Valerie und mir.

Wir suchten möglichst alle Häuser zu finden. Sie lagen meilenweit zerstreut. Nirgends fanden wir ein Zeichen von den beiden anderen Frauen. Alle, die wir sahen, waren nackt und sie hatten uns versprochen, immer bekleidet zu sein. Dayuma erwähnte einmal den »Eimer am Fallschirm«, wie sie es nannte und sagte, sie würde telefonieren, wenn wir den Apparat abwürfen. Wir hatten einen bei uns und hofften, es tun zu können.

Als ich wieder in Arajuno ankam, waren die Quichuas über

die Nachricht ziemlich bestürzt. »Sie sind schon längst aufgespießt; wie kommst du darauf, sie je wiederzusehen?«

Einige Tage später machte Dr. Tidmarsh mit einem Freund einen Besuch bei seinem kleinen Haus am Curaray und hoffte, wenigstens etwas von den Frauen zu erfahren, während er die Indianer beaufsichtigte, die an der Landebahn arbeiteten. Auch er kehrte ohne neue Nachrichten zurück. Nach weiteren zwei Wochen machten wir uns große Sorgen. Dr. Tidmarsh und ich unternahmen noch einen Suchflug. Nichts. Wir meinten, Dayuma sei vielleicht an einen anderen Ort gegangen, von dem wir nichts wussten. Es ist nicht so leicht, eine Aucahütte auf einer Lichtung auszumachen, weil das Gelände sehr uneben ist. Wir erfuhren später, dass sie in eine Gegend gezogen war, in der sie die Kindheit verlebt hatte und wo es überhaupt keine Lichtungen gab. Von dort hatte sie durch Mankamu mitteilen lassen, die anderen sollten dorthin kommen, um sich mit ihr zu treffen. Daher hatten wir sie nicht gefunden. So warteten wir und baten Gott, sie zu bewahren und sie zu Seiner Zeit wieder auftauchen zu lassen. Wir wussten, dass Seine Wahl des Zeitpunktes auch die Beste für uns ist und dass Er alles zu unserem Guten ausschlagen lassen wird.

Kapitel 4

»Zu mir, zu Mintaka!«

Am 25. September 1958 legte ich gerade einige Kleider aufs Gras in die Sonne, als drei Quichua-Indianer vom Curaray zu uns kamen.

»Guten Tag«, sagte ich, »warum kommt ihr?«

»Wegen gar nichts«, war die kurze Antwort, von der wir aber wussten, dass etwas dahinter stecken konnte.

»Habt ihr nichts über die Aucafrauen erfahren?«

»Oh ja, sie sind wieder da!«

Nach einigem Bohren erfuhr ich, dass sieben Aucafrauen, darunter die drei Gesuchten, und drei Aucajungen in diesem Augenblick weniger als eine halbe Wegstunde von meinem Haus entfernt waren. Ich rief nach Marj Saint, die bei mir wohnte, seit die Tidmarshs nach Quito gezogen waren und wir eilten die Landebahn hinab mit Valerie und meiner Kamera. Gerade als wir das Ende erreicht hatten, hörten wir jemand auf Englisch singen: »Jesus liebt mich.« Ich erkannte Dayumas Stimme und spannte die Kamera. Da tauchten aus dem hohen Gras Dayuma, Mintaka und Mankamu auf, gefolgt von vier Frauen und zwei Jungen. Mankamu fiel mir in die Arme. Sie war ganz fieberheiß, aber offensichtlich froh uns zu sehen; denn so hatte sie nur höchst selten reagiert.

Nur eine der anderen war bekleidet. Sie trug Rock und Bluse – Dayumas Sachen. Diese klatschte ihr auf die Schulter und zog sie nach vorn, um sie vorzustellen. »Dies ist Ipa, eine der Frauen Naenkiwis (›George‹).« Ipa trat sehr befangen vor und stand ganz still. Mich berührte zutiefst die Sanftheit ihrer Erscheinung und wie kindlich sie uns betrachtete: und sie war die Frau, die ihr eigenes Kind erwürgt und noch lebend bei ihrem Vater begraben hatte, nachdem sein Bruder ihn mit dem Speer umgebracht hatte.

Dann wurden der Reihe nach die anderen vorgestellt: Watu, Naenu und Gakamu, alle unverheiratete Mädchen; danach Kinta

»Der Herr ist mein Heil und mein Licht, vor wem sollte ich mich fürchten?«
Ich glaubte das und bat Ihn jeden Tag in den stillen Stunden vor Anbruch
des Morgens um Licht für den Tag. Durch das Lesen der Bibel führte Er mich
zu der Entscheidung, Mintakas und Mankamus Einladung anzunehmen,
mit zu ihrem Volk zu gehen.

und Gingatae, Jungen von zehn und zwölf Jahren. Der Letzte war Mintakas Sohn und der andere ein Waisenkind, das Mankuma aufgezogen hatte. Ipas Baby, Tamaenta, hing in einem über der Schulter getragenen Rindenfaser-Band. Obwohl das Kind sicher zwei Jahre alt war, sog es vergnüglich an der Brust, die es trotz der ungewohnten Kleidung gefunden hatte.

In den nächsten Tagen gab es kaum einen ruhigen Augenblick. Scharen von Quichuas kamen, um die »Aucas zu erfreuen«. Diese ihrerseits ertrugen das mit Gekicher und meistens gutmütig. Beim Essen saßen sie in einem engen Kreis oder sie spähten durch die Bambusstämme ihres Schlafhauses. Als das Flugzeug eintraf, rannten Quichuas und Aucas zur Landebahn, um das Flugzeug landen zu sehen. Dabei bildeten die weichen, ungebrochenen Formen der nackten Körper einen überraschenden Kontrast zu den verknitterten, oft zerrissenen Röcken, Blusen, Hosen und Hemden der Quichuas. Dayuma bat auch schnell für alle Aucas um Kleidung, so dass Dr. Tidmarsh alles verteilte, was er in Quito gekauft hatte.

Wir führten ihnen die Wunder der Elektrizität, der Holzöfen, der Musik von einem kleinen Keyboard und des Dieselmotors vor. Das beeindruckte sie alles herzlich wenig. Viel mehr interessierten sie sich für Fleisch, das ich für sie bestellt hatte: vierzig Pfund Rindfleisch, zwanzig Pfund Fisch und fünfzig Pfund Wildschwein. Alles war in wenig mehr als einer Woche verzehrt worden, dazu riesige Mengen an Maniok und Bananen, die wir von den Quichuas kauften. Viele Quichuas brachten ihnen Eier, Bananen, Zuckerrohr und *Chicha* zum Geschenk. Manche stahlen ihnen aber auch die kleinen Schmuckstücke, die Dr. Tidmarsh ihnen für ihren Stamm gegeben hatte. Es ging uns darum, sie wieder in ihr Gebiet zurückzubringen und noch mehr waren wir darauf erpicht, sie zu begleiten. Einige Tage waren zur Vorbereitung nötig – außerdem gab es die verschiedensten Verzögerungen.

Eines Abends schilderte Dayuma auf Quichua, wie sie die Rückkehr zu ihrem Volk erlebt hat. Ich hielt meine Fragen und ihre Antworten auf Tonband fest.

Frage: Als du damals am Donnerstag weggingst, wo hast du die Nacht verbracht?

Antwort: Am Oglán. Am Dienstag schliefen wir am Añangu. Am Freitag schliefen wir am Fuß eines Hügels. Am Sonnabend am Lahuano. Am Sonntag ging Mankamu weiter, ich blieb, weil meine Füße schmerzten. Sie ging dahin, wo früher ihre Häuser gestanden hatten, fand aber keine. Schließlich entdeckte sie Nimungas Haus. »Wo ist mein Bruder, wo sind meine Kinder?«, fragte sie. »Weiter unten am Fluss«, berichteten sie ihr. So schickte sie einige Kinder, nach ihnen zu suchen. Bald kamen Kimu und seine Frau und meine Mutter. In der Zwischenzeit dachten wir uns: »Mankamu ist gestorben. Vielleicht hat eine Schlange sie gebissen.« So beteten wir zu Gott: »Bitte. Lass ihr nichts geschehen sein.« Ich sagte: »Was sollen wir machen, wenn sie bis morgen nicht zurück ist?« Mintaka sagte: »Wir werden nach Arajuno zurückgehen.« »Nein«, sagte ich. »Wir gehen weiter und wenn ich kriechen müsste.« Ich sagte: »Selbst wenn sie mich umbringen, ich gehe da hinunter, um zu sehen, wie die Dinge stehen.« Am späten Nachmittag kamen Mankamu und die anderen zurück. Da habe ich ihnen die Meinung gesagt. Ich sagte: »Warum mordet ihr? Warum lebt ihr wie die Hunde? Wisst ihr nicht, dass wir alle zu der gleichen Familie gehören?« Als ich so sprach, fingen zwei zu weinen an. Zwei der Männer bauten ein Haus und wir unterhielten uns bis weit in die Nacht hinein. Meine Mutter hatte uns etwas Fisch zum Essen mitgebracht. Am nächsten Morgen ließ ich sie Bäume fällen. Ich sagte: »Macht eine schön große Fläche, damit das Flugzeug landen kann. Könnt ihr nicht sehen, dass wenn ihr diese Bäume stehen lasst, das Flugzeug dagegen fliegt?«

Frage: Willst du jetzt auch da unten wohnen?

Antwort: Ja, ich sagte ihnen, ich würde kommen, dort zu bleiben; aber wenn sie mir dumm kommen, laufe ich wieder zu den Fremden. Gern würde ich meinen Sohn zur Schule schicken und dann dort unten wohnen. Aber erst will ich, dass er meine Mutter kennen lernt.

Frage: Haben Mankamu und Mintaka ihren Leuten erzählt, dass die Fremden keine Menschenfresser sind?

Antwort: Ja, sie sagten: »Wie kommt ihr bloß darauf, dass sie sich gegenseitig fressen? Sie meinen, *ihr* seid Kannibalen!« »In Ordnung«, sagten sie. »Wir wollen euch jetzt glauben und keine Angst mehr haben.«

Frage: Und waren diese neuen Mädchen nicht bange herzukommen?

Antwort: Ganz gewiss nicht. Sie haben vor Freude gejubelt. Sobald wir an den Curaray kamen, liefen sie umher und untersuchten alle Häuser. Sie sprachen mit den Frauen dort, weil sie dachten, die könnten das verstehen. Ich kam vorbei und eine Quichuafrau sagte zu mir: »Was sagen sie? Wir können es nicht hören.« So übersetzte ich es und sagte meinen Leuten: »Sie hören euch nicht.« Aber sie sagten: »Oh, doch. Sie hören alles.« Und sie erzählten ruhig weiter.

Später, als wir zum Schlafen in ein Haus gingen, sagten die Quichuas, wir sollten lieber Wachen aufstellen, damit sie in der Nacht nicht fortlaufen. Ich sagte: »Warum sollten sie weglaufen? Sie sind mit mir gekommen. Sie werden bei mir bleiben.« Dann bellte ein Hund und sie sagten, weitere Aucas seien uns gefolgt. »Sie kommen, uns umzubringen.« Sie wollten mir nicht glauben. So setzte ich mich hin und redete sehr, sehr lange mit ihnen und erklärte ihnen, sie hätten nicht ängstlich zu sein. »Geht ruhig schlafen und habt keine Sorgen«, sagte ich. »In Ordnung«, sagten sie und gingen. Ich sagte: »Ich lüge nicht. Bis auf zwei sind alle krank und sie kommen nicht hierher, uns zu überfallen.« Sie müssen die Krankheit von uns bekommen haben. Ich hatte zwei Flaschen Medizin bei mir. Meine Mutter hatte Angst, sie zu nehmen. Sie sagte, ich versuche, sie umzubringen. Sie sagte: »Wenn Gikari kommt, die wird es uns zeigen. Wir werden ihr glauben. Wir werden ihre Arznei nehmen. Aber du, du redest bloß Unsinn.« Da sagte Mankamu ihnen: »Dies ist die gleiche Medizin, die Gikari uns gegeben hat. Nehmt sie, und ihr werdet gesund.« Ich sagte ihnen, ihre Mägen seien vermutlich voller Würmer. Ich belehrte sie über Würmer. »Na ja«, sagten sie. »Von nun an wollen wir nichts Schmutziges mehr essen. Wir werden nicht erlauben, dass einer sein Haus oberhalb am Fluss baut, weil er dann unser Wasser schmutzig macht. Wir werden ihnen sagen, sie sollten den Fluss nicht mehr als Klo benutzen.«

Frage: So hast du ihnen gesagt, dass sie Jim und die anderen getötet hatten, weil Naenkiwi deinen Leuten erzählt hat, die Fremden wollten sie fressen?

Antwort: Zum Teil; aber er hat sich wohl nur einen Spaß erlaubt.

Frage: Und wie meinst du, haben sie es geschafft, sie umzubringen?

Antwort: Die Fremden standen nur so am Ufer und da haben sie sie mit Speeren erstochen.

Frage: Aber haben sie nicht am Ufer gekämpft?

Antwort: Das ist alles, was sie gesagt haben ... sie haben sie einfach aufgespießt. Ich habe ihnen daraufhin von den netten Fremden berichtet. Sie sagten: »Nun begreifen wir. Jetzt sehen wir, dass wir es umsonst getan haben. Es war nur, weil Naenkiwi und Gimari uns etwas vorgelogen haben.«

Frage: Haben sie die Beerdigung der Fünf mit angesehen?

Antwort: Sie sagten, sie hätten nichts gesehen ... Ich sagte ihnen von der Reise nach Arajuno und von Dr. Tidmarshs Haus. Ich sagte ihnen, wenn die Leute »unten vom Fluss« kämen, könnten sie dorthin laufen. Sie sagten, dass wenn sie gewusst hätten, dass dort keine Fremden sind, sie schon längst dorthin gegangen wären.

Frage: Sie haben also die Zeichen vom Flugzeug aus nicht verstanden, die ihnen zeigen sollten, wo die Fremden wohnen?

Antwort: Ja, sie haben sie verstanden, und sie folgten ihnen bis zum Curaray. Aber sie sagten: »Das Flugzeug fliegt immer weiter. Es fährt bis hinter die blauen Hügel in der Ferne. Niemals werden wir bis dahin kommen.« So kehrten sie um und gingen nach Hause. Zwei Männer kletterten auf Bäume auf einem Hügel, um zu sehen, wohin es flog. »Nein«, sagten sie, »es fliegt zu weit ins Blaue hinein.«

Frage: Sie sind also nie in die Siedlung Arajuno gekommen?

Antwort: Nein, nur Muipa und sein Haufen sind während der Zeit der Shell-AG in Arajuno gewesen.

Frage: Meinst du, sie haben Honorio umgebracht, weil er Mintaka und Mankamu aufgenommen hat?

Antwort: Nein. Das geschah auch wegen einer Lüge. Dawa (die dritte Frau, die mit Mintaka und Makamu gekommen und später wieder fortgegangen war) erzählte ihnen, sie gehe davon aus, die beiden Frauen seien gefressen worden. Die Männer, die ihn umgebracht haben, wussten nicht, wer es war. Maruja (seine Frau) hat mir diese Geschichte erzählt: »Wir fuhren mit dem Kanu den Fluss hinab, als plötzlich der Hund zu bellen begann. Ich sagte zu meinem Mann: ›Nun müssen wir sterben. Und das, weil du nicht auf mich hören wolltest und uns hierher flussabwärts gebracht hast.‹ Die Aucas warfen vom Ufer aus einen Speer und brachten Honorio zu Fall. Ich ergriff den Fischspeer und sprang zum Bug des Kanus. Doch dann sagte ich zu mir: ›Nein, ich will mit meinem Mann sterben.‹ Dann traf mich ein Mann namens Nimunga mit dem Speer in die Kniekehle. Die anderen warfen mit Steinen nach mir. So fiel ich hin und sie fingen mich. Sie führten mich zu einem Bach, wo sie mir das Blut vom Knie abwuschen und es verbanden. Dann führten sie mich auf den Dschungelpfad. Als ich müde wurde, ergriffen sie meine Hände und halfen mir die Hügel hinauf. Als ich nicht mehr gehen konnte, trugen sie mich. Als ich bei ihrem Haus ankam, machten die Frauen Wasser warm und wuschen mein Knie. Sie drückten etwas *Chicha* aus und gaben es mir zu trinken. Sie backten Bananen und gaben mir einige. Sie gaben mir gebratenes Fleisch und Suppe. Dann wurde ich wieder ein wenig munter und sie sagten, sie wollten mein Haar so schneiden, wie sie es trugen. Das wollte ich nicht. So warteten sie viele Tage. Eines Tages wurde ich krank. Sie sagten: ›Wenn wir dir die Haare nicht schneiden, stirbst du.‹ So sage ich: ›In Ordnung, macht es ruhig.‹«

So kam sie mit uns nach Hause, als wir aus dem Dschungel kamen. Die Kleider, die sie trug, waren verrottet, darum gab ich ihr neue. Jetzt ist sie bei ihrer Schwiegermutter am Curaray.

Frage: Freute sich ihre Schwiegermutter, als sie kam?

Antwort: Sie kannte sie nicht. Sie meinte nur, das sei wieder eine Auca. Maruja sagte: »Wie geht es dir, Mutter?« Die alte Frau sah sie genau an und begann zu weinen: »Meine Schwiegertochter!«

Die drei Frauen, Dayuma, Mintaka und Mankamu waren sich einig, dass Rachel und ich sie zu ihrem Dorf zurückbegleiten sollten. Valerie sollte natürlich mitkommen.

»Alles, was ich ihnen sagen sollte, habe ich ihnen gesagt«, erzählte Mankamu mir. »Und meine Leute sind einverstanden.«

Verzögerungen sind mir stets schwer gefallen, besonders wenn ich mir einen Schritt zu tun vorgenommen habe, vor dem ich mich fürchte. Dies war ein solcher. Es war der Schritt, auf den ich

Mintaka, Mankamu und Dayuma kehrten zu ihrem Volk zurück und berichteten ihren Leuten, die Fremden seien gar keine Kannibalen. Diese antworteten mit einer Einladung an Rachel und mich, zu ihnen zu kommen und bei ihnen zu wohnen. Valerie freundete sich schnell mit denen an, die uns die Einladung überbrachten.

drei Jahre lang hingearbeitet hatte und für den ich das ganze letzte Jahr mit Sprachstudien verbracht hatte. Ich hatte um das Vorrecht gebetet, das mir jetzt zuteil wurde.

Ich beobachtete die Quichuas, die meine Freunde waren. Sie kamen zu mir ins Haus wie sie es immer gemacht hatten, sie sprachen mit mir und machten es sich gemütlich. Ich konnte ihre Sprache verstehen. Ich liebte sie und mochte sie nicht verlassen.

Ich beobachtete Valerie, wie sie mit ihren Quichua-Freunden spielte und von einem Tisch aß, auf dem Teller, Tassen und Besteck waren. Ich sah sie in einem Bett schlafen, das Jim für sie gebaut hatte, gerade bevor er starb. Ich wusste: Im Aucaland wird sie kein Bett haben.

Ich blickte mich in dem winzigen Häuschen um – es hatte Wände, Fußböden und Möbel. Ich hatte sogar einen Schreibtisch, in den ich meine Sachen einsortieren konnte. Ich wusste, was mich in einem Aucahaus erwartete.

So verstand ich ein klein wenig, von dem, was Jesus sagte: »Was soll ich sagen? Vater, rette mich aus dieser Stunde? Doch darum bin ich in diese Stunde gekommen.« Er konnte nicht darum bitten, ihr zu entfliehen; Er bat nur darum, dass der Wille des Vaters geschehe.

Er wurde der Sohn des *Menschen* genannt. Wenn wir Ihn verstehen, verstehen wir das Leben und sind in der Lage, es anzunehmen. Ich konnte es auch annehmen, wenn ich nur eins sicher wusste – dass es Gottes Wille, nicht nur meine Wahl war, dorthin zu gehen. In gewisser Hinsicht ist jede Entscheidung eine Angelegenheit von Tod und Leben – George MacDonald hat gesagt: »Alles, was nicht Gott ist, ist Tod« – aber diese war es ganz sicher. Eines Abends, als ich die Bibel las, kam ich an die Stelle: »Aber nun, HERR, du bist unser Vater. Wir sind der Ton und du bist unser Bildner und wir alle sind das Werk deiner Hände.« Irgendwie gab mir die schlichte Erkenntnis Frieden, dass ich, genauso wie die Aucas, völlig hilflos wie Ton in Seinen Händen lag. Wir alle gehören Ihm. So brauchte ich nichts zu fürchten, weil ich Ihn *Vater* nennen durfte.

Rachel war in dieser Woche wiederholt in Arajuno, um ihre Vorbereitungen zu treffen. Ich begann, die wahrscheinlich benötigten Dinge zusammenzusuchen. Zu anderen Gelegenheiten

hatte ich auch für Ausflüge in den Dschungel »nur das Allernötigste« eingepackt. Dann aber brauchte ich mehrere Indianer als
Träger. Diesmal mussten wir, so viel mir bewusst war, unsere Sachen selbst tragen. Somit musste das »Allernötigste« erheblich
geringer ausfallen als sonst. Ich erstellte eine Liste des mir Un-
verzichtbar erscheinenden:

Bibel	einmal Wäsche zum Wechseln
Notizbuch	Kamm
Füller	Nadel und Faden
Tinte	mehrere Messer
Streichhölzer	Insektenschutzmittel
Kochtopf	Kalender
Arznei	Decke
Zahnbürste	Behälter für Vals Milch
Schuhe	Milchpulver
Seife	Teller, Tasse, Löffel
Salz	Kamera
Schlangenbiss-Mittel	Film

Ich wog diese Gegenstände. Fünfzehn Pfund. Ich wusste aus
Erfahrung, dass nach wenigen Stunden auf dem Dschungelpfad
schon sechs Pfund lästig waren. Aber ich konnte nicht sehen, was
ich weglassen durfte, außerdem hätte ich gern den Kassettenrecorder, Sprachnotizen, einen Teetopf und weitere Bücher mitgenommen. Das musste auf später verschoben werden. Ich tat eini-
ges in einen Behälter, damit es der Pilot mit dem Fallschirm abwerfen konnte, sobald wir wussten, dass die abgeworfenen Sachen keinen Anstoß bei unseren Gastgebern erwecken würden.
In diesen Behälter tat ich zusätzliche Milch für Val, Zucker, Nes-
café, Pflanzensamen, Schreibpapier und Umschläge, Bücher,
Sprachnotizen und noch ganz wenige andere kleine Dinge. Selbst
diese zeigten mir, wie hoffnungslos kompliziert unser »zivilisier-
tes« Leben geworden ist. Die Fragen nach Gesundheit, Bequemlichkeit und Nützlichkeit mussten neu gestellt werden, angesichts
der Vorteile, der Einfachheit und der Gleichförmigkeit der indianischen Lebensweise.

Wir verließen Arajuno am 6. Oktober 1958 – zehn Aucas, fünf Quichuamänner, die als Träger dienten, Rachel und ich mit Valerie, die in demselben hölzernen Stuhl von Fermin getragen wurde, in dem sie früher schon einmal zum Curaray gereist war.

Gegen drei Uhr erreichten wir die Quichua-Siedlung am Curaray, wo wir freundlich aufgenommen und verpflegt wurden. Maruja, die fast ein Jahr Gefangene der Aucas gewesen war, fanden wir sicher im Hause ihrer Schwiegermutter. Dayuma und Mankamu hatten Mankamus Mann Gikita überredet, sie freizulassen und er hatte sie nach Hause gebracht.

»Meine Meinung ist«, sagte sie, als wir sie fragten, was sie von unserem Unternehmen hielt, »es wird nicht lange dauern und ihr seid alle tot und von den Geiern gefressen.«

»Hast du die Aucas schätzen gelernt?«, fragte ich?

»Die Frauen wohl. Die Männer nicht. Nicht diese Gewalttätigen. Sie taugen nichts.« Sie beschrieb in alle Einzelheiten, wie man den Leib Robert Tremlays behandelt hatte, eines Kanadiers, der das Gebiet der Aucas gerade einige Monate vor uns betreten hatte und der, wie es hieß, Selbstmord beging. »Er wurde auch von den Geiern gefressen und die Aucas schauten lachend zu und gaben seine Zähne ihren Kindern zum Spielen.«

»Ich frage mich wieder, ob ich Recht tue, hierher zu kommen«, schrieb ich an jenem Abend in mein Tagebuch, »und Valerie mitbringe.« Aber ich wusste, dass es nicht gut ist, eine Entscheidung zurückzunehmen, die man in Aufrichtigkeit vor Gott gefällt hat, bevor die Gründe *unmissverständlich sind.*

Am nächsten Morgen schienen die Quichuamänner, die uns versprochen hatten, uns auf dem Curaray hinab bis zum Añangu zu begleiten, ebenfalls ihre »Leitung« in Frage zu stellen. Die Kanus sind allzu altersschwach, sagten sie. Dayuma hatte gesagt, die Reise würde drei Tage dauern. »Die ist verrückt. Das dauert vier oder fünf Tage«, erzählten sie mir. Noch manches wurde vorgeschoben, aber schließlich saßen wir in den Kanus und fuhren nordostwärts den Curaray hinunter. Der Fluss war flach und kristallklar, die Indianer stakten langsam und beobachteten dabei die Alligatoren, die Fische und Schildkröten. Am Mittag fingen sie genügend, um sich ein reichliches Essen zu bereiten. So hielten wir an einem sandigen Strand, und schon bald dampften große Töpfe über den Feuern. Das Kochen dauerte nicht lange und das Essen selbst war in drei oder vier Minuten erledigt. Dann ging die Reise weiter. Die folgende Nacht verbrachten wir unter einem Blätterdach an der Einmündung des Añangu in den Curaray. Am nächsten Tag ging es südwärts den Añangu hinauf, die Indianer fingen Fische mit dem Speer und rührten den Sand auf, wenn sie durchs Wasser gingen, um die Stachelrochen aufzuscheuchen. Diese hinterlistigen Kreaturen liegen flach unter der Sandoberfläche des Flussbettes, so dass sie selbst im klarsten Wasser fast unsichtbar sind. Wenn sie sich gestört fühlen, stechen sie ihr Opfer mit einem sägeartigen Dorn. Dadurch gelangt das Gift aus den Drüsen an der Basis der Sägezähne in die Wunde. Manchmal wird das Fleisch des Fußes arg verletzt, wenn der Dorn entfernt wird und die Heilung nimmt Wochen in Anspruch.

Nachdem wir zwei oder drei Stunden stromauf gestakt waren, verließen wir die Kanus und gingen noch einmal drei Stunden zu Fuß weiter. Ich dachte an die Psalmstelle, die mir einige Monate zuvor wichtig geworden war: »Wer wird uns führen in die feste Stadt? ... Mit Gott werden wir mächtige Taten tun!« Wir waren jetzt ganz nahe an dem, was uns »eine feste Stadt«, eine uneinnehmbare Festung zu sein schien.

Die Aucas bei uns kamen einfach »nach Hause«. Die Quichuas begegneten nun solchen, die seit Menschengedenken als Feinde gehasst waren. Alle sechs hatten ihre Gewehre auf der Schulter, obwohl ihnen Dayuma versichert hatte, es bestünde für niemand eine Gefahr, der ihr Freund ist. Valerie war auf Fermins Rücken eingeschlafen. Sie kannte keine Gefahr – sie »ging, Mintaka besuchen«, was sie so gern wollte. Für Rachel und mich war es ein höchst erregender Augenblick; doch überwog das Gefühl großer Dankbarkeit.

Wir kamen um die letzte Kurve des Tiwaenuflusses. Da standen drei nackte Indianer vor einer Gruppe von Grashütten. Wir waren in der »festen Stadt!«

Kapitel 5

Die feste Stadt

Man braucht keinen Glauben, wenn man sich nicht eines Elements des Wagens bewusst ist. Glaube, der den Namen verdient, muss sich dem Zweifel stellen. Bei unserer Reise ins Aucaland gab es, so viel wir wussten, eine Menge Risiken. Aber es gab auch die Grundlage unseres Glaubens, das Wort dessen, der sich der »Anfänger und Vollender des Glaubens« nennt. Nichts, was weniger Wert besitzt, hätte uns an diesen Ort zu bringen vermocht. Ich weiß, es gibt viele, die ähnliche Risiken aus Abenteuerlust oder um der Wissenschaft willen auf sich nehmen. Zu ihnen gehöre ich nicht. Ich glaube, die Wahrheitsfindung würde sich mir verweigern, wenn ich sie im spannenden Abenteuer suchen sollte. Ich ziehe es vor, den zu suchen, der gesagt hat: »Ich bin die Wahrheit.«

Wir wussten uns völlig in Seiner Hand und doch waren wir es nicht in diesem Augenblick mehr als sonst; wir taten auch jetzt nicht besser unsere Pflicht, als zu irgendeinem anderen Zeitpunkt. Aber die Umstände machten uns diese Wirklichkeit bewusster. Hier gab es keine Ablenkungen, nichts, worauf man sich stützen konnte, keinen Laut dessen, was Samuel Rutherford das »verwirrende Schaukeln und Drehen der sekundären Gründe« nannte.

Für mich waren die Aucas die Personifizierung des Todes. Der Tod ist das Einzige, was niemand ins Auge fassen will; und es ist ebenfalls das Einzige, dem jeder ins Auge sehen muss. Edna St. Vincent Millay hat geschrieben:

Was tu ich denn, bin ich verrückt?
Kauf Flittergold und Marmelstein
und lach', von Spielzeug hoch entzückt –
doch tritt der Tod die Tür fast ein!
Kauf Jadedrachen, Schottenkilt,
und wenn ich Geld hab' – nächstes Jahr,

'nen Hindugott, ein Buddhabild
ein Luxushaus auf Sansibar …
Und immer pocht der Tod mit Macht,
bis bald die Tür zersplitternd kracht.

Die Tür zerbrach, als mein Mann getötet wurde. Und die Aucas, jene, die er besuchen wollte, hatten ihm diesen tödlichen Schlag versetzt. In ganz anderer Weise wurde ich gezwungen, dem Tod, das heißt, den Aucas, ins Auge zu sehen, als Honorio am Curaray ermordet wurde. Damals sah es so aus, als würde auch Valerie und mich der Tod ereilen. Und jetzt, als Rachel und ich in die kleine Siedlung einzogen, waren wir uns auch der Möglichkeit bewusst; aber ich fühlte mich im Glauben auf eine Weise vorbereitet, die ich nicht gehabt hätte, wenn ich den Aucas und allem, was sie repräsentierten, früher begegnet wäre.

Psychologen sagen uns, man müsse »tun, was man fürchtet«. Das mag ein guter Rat für kleinere Ängste sein; aber er ist wohl nicht auf die große Angst, die Todesfurcht, anzuwenden. Da gibt es nur eine Antwort – man muss den kennen, der die Schlüssel des Todes in den Händen hält und selbst der Herr des Lebens ist.

Kimu, ein stattlich gebauter Mann von etwa fünfundzwanzig Jahren stand auf einem riesigen Balsaklotz und gestikulierte und deklamierte, als wir die kleine Lichtung betraten. Er war nackt bis auf ein *Kumi*, eine Schnur aus Baumwollfäden um seine Hüfte. Große Löcher in seinen Ohrläppchen waren mit Balsaholz-Scheiben ausgefüllt und sein Haar war unregelmäßig geschnitten – Dayuma hatte den meisten Männern und Jungen eine »Mannschaftsfrisur« verpasst, damit sie die Läuse los wurden.

Zwei hübsche Mädchen, auch nackt bis auf die gleiche Schnur um die Hüften, standen lächelnd neben ihren winzigen Laubunterständen. Ihre Haare waren vom Oberrand der Ohren an als gerader Pony geschnitten und hingen lang auf den Rücken herab. Ich war gleich beeindruckt von der großen Würde und Einfachheit, die sie kennzeichnete. Angesichts von sechs Quichuamännern, die fremdartige Kleidung und schwere Lasten und ihre Gewehre trugen, standen die Aucas ganz ruhig und blickten sie gerade an, ohne Furcht oder Befangenheit zu zeigen. Eins der Mädchen stellte uns Dayuma als Gimari, ihre Schwester, vor, die wir als »Delilah« von den Fotos wiedererkannten, die die Fünf auf »Palm Beach« aufgenommen hatten. Sie trug ein wunderhübsches Baby, einen Jungen, in einer Rindenschlinge über der Schulter. Das andere Mädchen, schlanker und in jeder Bewegung sehr anmutig, war Dawa, Kimus Frau.

Mankamu ging zu dem Mann hinüber und klopfte ihm auf die Schulter. »Gikari!« rief sie mich. »Dies ist mein Bruder! Mein leibhaftiger Bruder!« Er deklamierte immer noch. Ich hatte nicht die geringste Ahnung, worüber er sprach, war auch zu beschäftigt, mit den beiden Mädchen ins Gespräch zu kommen, als dass ich irgendwie hätte versuchen können, seine Rede fest zu halten. Bald setzte er sich auf den Holzklotz, Mankamu neben ihm. Sie redete unaufhörlich. Valerie setzte sich auch dazu und richtete ihre Augen auf ihn, den ersten Auca, den sie zu sehen bekam. Ich hatte ihr nur gesagt, ihr Vater sei gestorben und wohne jetzt »bei Jesus«; aber ich hatte ihr gegenüber wenig über die näheren Umstände verlauten lassen. Ich wollte damit warten, bis sie es besser verstehen kann. Irgendwie aber verband ihr Bewusstsein die Aucas mit ihrem Vater. Ich beobachtete sie, wie sie Kimus Gesicht erforschte. Schließlich begann sie zu sprechen.

»Er sieht wie ein Papa aus. Ist das *mein* Papa?«

So waren die, die für mich den Tod bedeuteten, für Valerie menschliche Wesen, die zu ihr gehörten. Sie identifizierte sich mit ihnen und akzeptierte den als ihren Vater, der bei der Ermordung ihres Vaters mitgewirkt hatte. Sie fand nichts Eigenartiges an den Aucas. Sie war in indianischer Umgebung aufgewachsen. Sie waren einfach Indianer, ihre Freunde. Sie hatte gebetet, Gott möge uns zu Mintaka bringen. Jetzt waren wir da und sie war zufrieden.

Als die erste Aufregung wegen unseres Erscheinens vorüber war, begannen die mit uns gereisten Frauen eilig, sich an die Arbeit zu machen, die auf unserer Reise gefangenen Fische zuzubereiten. Die Quichualeute wurden zum Essen eingeladen und alle ließen sich um ein Bananenblatt nieder, das auf den Boden gelegt war, Kimu mittendrin, obwohl es noch nicht zwei Monate her war, dass sie sich getötet hätten, sobald sie einander ansichtig wurden.

Als es zu dämmern begann, sammelten alle die auf der Lichtung umherliegenden Hölzer und die Quichuas sangen einige ihrer schlichten Lieder, was die Aucas sehr amüsierte. Ganz von allein begann Fermin zu beten, wovon die Aucas aber nichts verstanden:

»Unser lieber Vater, Du hast uns sicher an diesen Ort gebracht. Hier sind wir nun bei unseren neuen Freunden. Wir danken Dir von Herzen dafür. Wir lieben sie, wir beteten viel für sie. Zeige uns, wie wir wie Brüder zusammen leben können. Öffne ihr Herz, pflanze Dein Wort in ihr Herz, damit es wachsen möge.«

Wir waren sehr dankbar, als wir uns in jener Nacht auf das Bambuslager zum Schlafen legten. Wieder hatten wir gesehen, dass Gottes Wort vertrauenswürdig ist. Er kann es uns aber erst zeigen, wenn wir auf das Wort hin handeln.

Bevor es hell wurde, weckte mich Kimu, indem er an meiner Hütte vorüberging. »Ich gehe jetzt. Gikari! Ich gehe jetzt.« Er war auf dem Weg, die anderen von unserer Ankunft zu benachrichtigen. Sie wohnten an einer anderen Stelle. Dayuma hatte unseren Platz ausgewählt, weil er nahe der Gegend liegt, in der sie die Kindheit zugebracht hatte und nun bat sie die ganze Gruppe, zu uns zu kommen. Um ihren Nahrungsquellen möglichst nahe zu bleiben, waren die meisten bis zu unserer Ankunft »daheim« geblieben. Am späten Nachmittag des zweiten Tages und dann noch mehrere Tage lang, trafen die Aucas ein, eine Familie nach der anderen, oder zu zweit oder zu dritt. Im Ganzen waren es sechsundfünfzig, von denen einige noch wochenlang fernblieben.

Sieben von ihnen waren erwachsene Männer, der älteste von ihnen, Gikita, zählte etwa fünfundvierzig Jahre. Er konnte sich freuen, dies Alter erreicht zu haben. Die Gefahren für einen Mann waren in diesem Stamm sehr groß, weil das Morden mit den Speeren so häufig vorkam. Jeder dieser Männer hatte eine Familie und natürlich gab es eine Anzahl Witwen. Der Rest bestand aus vaterlosen Kindern. Alles in allem keine besonders eindruckerweckende Gruppe, wenn man bedenkt, dass die Aucas seit undenklichen Zeiten ihre Nachbarn in Angst und Schrecken gehalten hatten und seit drei Jahren das Interesse der ganzen Welt auf sich lenkten. Es gibt noch eine weitere Auca-Gruppe, »die Leute unten am Fluss«, die vielleicht hundert Meilen von hier wohnen und als die meist gefürchteten Feinde »unserer« Gruppe galten.

Val war ein wenig irritiert, aber nicht verängstigt, als sie zum ersten Mal einen Aucamann sah. »Er sieht aus wie ein Papa«, sagte sie. »Ist das mein Papa?«

Dayuma hatte für beinahe alle in der ganzen Gruppe Kleidung genäht; aber einige trugen sie nur, wenn ihnen gerade der Sinn danach stand. Für dies Bild – die größte Gruppe, die wir jemals während des ersten Jahres zusammengebracht haben – hatte Dayuma dafür gesorgt, dass die Bekleideten in der vordersten Reihe standen.

Dayumas Tante, Gami, und ihre Mutter, Akawu. Schon seit langem hatten sie als Zeichen der Trauer um einen nahen Verwandten die riesigen Balsapflöcke entfernt, die in den Löchern der Ohrmuscheln gesteckt hatten.

Zehn von ihnen leben jetzt hier und wurden bei den sechsundfünfzig mitgezählt. Man sagte uns, die »Leute unten am Fluss« seien zahlreicher, vielleicht zwischen hundert und hundertfünfzig. Soweit man weiß, gibt es sonst keine mehr, außer zwei oder drei, die isoliert am Napo-Fluss leben.

Die wenigen unverheirateten Frauen in der Gruppe waren wunderhübsch gestaltet, während es scheint, dass die Mütter durch die Geburt ihrer Kinder übermäßig in Mitleidenschaft gezogen wurden. Die Männer waren alle muskulös, manche untersetzt, andere hager und drahtig. Die Kinder sahen zum größten Teil sehr gesund aus und wiesen nicht die üblichen Symptome anderer Dschungelbewohner auf – aufgeblähte Bäuche, schwache Hälse und Gliedmaßen, was auf Parasitenbefall hinweist.

Außer den gerade kahl geschorenen Männern und Jungen trugen alle dichtes, schwarzes Haar, das als Pony von einem Ohr zum anderen geschnitten war und am Rücken schulterlang herabhing, bei den Männern weiter als bei den Frauen.

Wenn sie eintrafen, schenkten sie weder ihren Freunden noch uns irgendwelche besondere Aufmerksamkeit. Gewöhnlich setzten sie sich auf einen Holzstamm und begannen zu erzählen, wobei sie uns nur manchmal und wie zufällig ins Auge fassten. Einer oder zwei strichen durch Valeries blondes Haar und erkundigten sich, ob sie männlich oder weiblich sei. Sie war, so viel ich beobachten konnte, für sie nicht von sonderlichem Interesse. Sie waren keineswegs, wie viele erwartet hatten, von der kleinen blonden Fremden »ganz hingerissen«.

Es fiel mir schwer, irgendwie auf sie zuzugehen, sie auf irgendeine Art zu »begrüßen« oder sie zu berühren, weil ich wahrnahm, das dies nicht üblich war. Ich war fremd und ich war mir dessen mehr als je zuvor im Leben bewusst. Ich war zum ersten Mal unter einem Volk, dass bisher keinerlei Berührung mit Fremden gehabt hatte. Für sie war ich keine Amerikanerin, keine »Wissende«, wie uns manche Quichuas nannten; auf keinen Fall war ich Mitglied einer Rasse von Wohltätern. Offensichtlich aber hatte das Zeugnis von Mintaka, Mankamu und Dayuma ausgereicht, die Aucas davon zu überzeugen, dass wir wenigstens keine Übeltäter waren. Sonst aber glaube ich, gab es wenige Pluspunkte für uns.

Ich probierte meine wenigen Aucawörter bei »Delilah« und Dawa aus. Sie scheinen ein bisschen irritiert zu sein, vielleicht wegen meines amerikanischen Akzents.

Gikita hatte Spaß daran, dass ich seine Sprache zu verstehen schien. Oft hat er meine falsche Aussprache eines Aucawortes imitiert und mir dann die richtige ständig wiederholt. »Hörst du es?«, sagte er dann immer. »Gikari, hörst du es? Hörst du es?«

Ich versuchte mir vorzustellen, was es für sie bedeutete, uns hier anzutreffen. Die meisten hatten noch nie einen Menschen gesehen, der ihnen unbekannt war. Und jetzt trafen sie hier, in ihrem eigenen Territorium, fremde Menschen mit fremder Hautfarbe, fremder Größe und fremdartiger Sprache; Leute, die sie seit je für Kannibalen hielten. Und diese Menschen, wollten nach dem Zeugnis von drei Frauen jetzt hier wohnen und ihre Freunde sein! Was denken sie wohl wirklich? Können sie uns tatsächlich vertrauen?

Doch alles in allem akzeptierten sie uns, wenn auch nicht mit offenen Armen; das ganz sicher nicht. Es war nicht ihre Art, jemand so zu empfangen, nicht einmal ihre eigenen Kinder. Andererseits begegneten sie uns nicht feindselig.

Und so waren wir da! Wir wohnten bei einem der vermeintlich wildesten Stämme der Erde. Wir waren da, wo sie zu Hause waren. Zwar waren wir Außenseiter; aber wir waren gekommen – gekommen, um ihnen den rechten Weg zu zeigen. Aber welches Recht hatten wir, ihnen zu sagen, wir wüssten einen besseren Weg als es der ihre war? Wie konnten wir annehmen, etwas anbieten zu können, was ihnen bedeutungsvoll wäre, ganz zu schweigen davon, dass sie es haben wollten? Wir wussten, wir hatten uns dies Recht zu verdienen. Wir mussten mit ihnen leben, sie lieben, sie zu verstehen suchen, und ihnen vor allem zeigen, was wir unter ewigem Leben verstehen: eine neue *Art* des Lebens, nicht nur ein längeres. Wir waren nicht gekommen, um den Aucas Wege zu zeigen, ihr zeitliches Leben zu verbessern oder zu verlängern. Selbst was wir die Segnungen der Zivilisation nennen, war ihnen unbekannt und erschien uns selbst immer zweifelhafter, je besser wir sie kennen lernten. Wir waren gekommen, ihnen etwas anzubieten, was offenbar außerhalb ihres Gesichtsfeldes lag: eine Hoffnung, einen Anker der Seele, die Person Jesu Christi. Wir waren Seine Zeugen, wie Paulus vor langer Zeit den Korinthern schrieb, dass wir die Menschen nur deshalb zu erleuchten vermögen, weil wir ihnen die Erkenntnis der Herrlichkeit Gottes im Angesicht Christi vermitteln können.

Kapitel 6

Ein Ort für die Hängematte

Unser neues Zuhause war eine Lichtung von gut siebzig Metern Breite und Länge, die im Westen und Süden von riesigen Urwaldbäumen und im Norden und Osten von einer Krümmung des Tiwaenu begrenzt wurde. Das war ein klares, schnell fließendes Gewässer von etwa vier bis fünf Metern Breite. Als wir ankamen, gab es dort ein halbes Dutzend winziger Hütten und zwei ziemlich wacklige »Häuser«, eigentlich nur Dächer aus verwebten Palmwedeln, die von sechs Stämmen von knapp sieben Metern Höhe gehalten wurden. Die Aucas waren gewarnt worden, ich sei sehr groß. Ich bin nicht sicher, ob sie mich für *so* groß gehalten haben. Später fügten sie unter diesen Dächern einen zweiten »Dachstuhl« ein, was das unwohnliche Ansehen etwas milderte. Rachel bot man an, das eine Haus mit Gikita, seiner Frau Mankamu und ihren Kindern zu beziehen. Seine zweite Frau, Umaenkiri, hatte eine Hütte ganz in der Nähe. Und mir gab man ein kleineres Haus, das an das ihre stieß. Keins dieser Häuser war mehr als ein Dach. Das völlige Fehlen von Wänden, obwohl die Häuser entweder aneinander gebaut waren oder nur ein, zwei Meter entfernt standen, schien außer mir niemand zu stören. Ich wäre froh gewesen, hätte ich wenigstens ab und zu in ein Zimmer gehen und die Tür hinter mir verschließen können. Valerie schien das Fehlen von Wänden, Fußböden oder Möbeln nicht wahrzunehmen. Sie hatte ihr »Bett«; zwei oder drei Bambusstangen, die aufgespalten und plattgedrückt auf drei Baumstämmen über der blanken Erde lagen. Darüber breitete sie gleich ihre Puppendecke, einen kleinen Stofffetzen und sofort fühlte sie sich »zu Hause«.

Die Quichualeute bauten für Rachel und mich zwei kleine Tische aus vier Stöcken, die sie in die Erde steckten. Darauf kamen Bambusstangen. Es bedeutete eine große Hilfe, etwas zu haben, worauf man Dinge abstellen konnte, weil es buchstäblich sonst

nichts als den blanken Erdboden gab, worauf man das Essen oder Valeries Milch hätte zubereiten müssen. An diesen Tischen konnten wir nicht sitzen, weil nichts vorhanden war, was einem Stuhl ähnlich sah.

Wir hängten unsere Sachen in Stoffsäcken, Körben und indianischen Tragnetzen an die Pfeiler unserer Häuser. (Ich konnte leicht an den höchsten Teil des Daches reichen und am Rand des Hauses war aufrechtes Stehen nicht möglich.) Wenn es regnete, regnete es hinein und oft kommen die tropischen Güsse so plötzlich, dass alles nass war, bevor wir es abdecken konnten. Wenn das geschah, während ich an der Sprache arbeitete, was ich die meiste Zeit tat, musste ich schnell Mappen, Notizbücher, Papiere und Karteikästen in Plastikbeutel packen oder sie so hoch unter das Dach hängen, dass der Regen sie nicht erreichen konnte. Ich hatte ein Radio, zwei Kameras, einen Kassettenrecorder, dazu einige Bücher und Papiere, die es trocken zu halten galt, abgesehen von der Kleidung und uns selbst. So fing ich ernstlich an, den Indianer zu beneiden. Er hatte nichts, was Schaden nahm, wenn es nass wurde, abgesehen von seinem Blasrohr, das immer dicht unter dem Grasdach aufbewahrt wurde. Er umgab es sogar mit einer Art Pech, damit es trocken blieb, falls er während der Jagd vom Regen überrascht wurde. Immerhin ging es ihm darum, es trocken zu halten. Andere Besitztümer, wie sein Pfeilköcher, waren wasserdicht; sonst besaß er noch eine Hängematte, die er manchmal hoch über dem Boden zusammenknotete, um sie vor den Regengüssen zu schützen, dann noch verschiedene Tontöpfe und Fischnetze, ein Messer, diverse Körbe und Kalebassen zum Trinken. Seine Speere barg er ebenfalls unter dem Grasdach und ein paar Schmuckstücke, die ihm wenig bedeuteten und die er von Flugzeugabwürfen aufgesammelt hatte. Was ihn selbst betraf, fragte er nicht viel danach, ob er ein wenig nass wurde. Er ließ sich einfach am Feuer nieder und wartete ab. Er brauchte nicht herumzulaufen, die Fenster zu schließen und seine Frau brauchte, bevor sie einige »Fortschritte« der Zivilisation übernahm, nicht zusehen, wie sie noch schnell die Wäsche trocken von der Leine bekam.

Man passt sich immer seiner Umgebung an; aber es fasziniert den Außenstehenden immer wieder, wenn er sieht, wie andere das in einer der menschlichen Besiedlung alles andere als freundlichen Umwelt erreicht haben. Auf den ersten Blick möchte man über die Lebensweise der Aucas denken: »Machen sie das so am Besten?« Aber bald merkt man, dass »es so« tatsächlich am Besten geht.

Erstens sind die Aucas Seminomaden. Sie mögen sich nicht dauerhaft an einer Stelle niederlassen, besonders weil sie ein Stück Land nie häufiger als zwei- oder dreimal beackern und außerdem, wenn ihre Feinde es geraten erscheinen lassen, fortzugehen. Vielleicht lieben sie auch einfach den Szenenwechsel.

So erfordern ihre Häuser zum Bauen nur wenig Zeit und Mühe. Ein Mann kann in zwei Tagen für seine Familie ein Unterkommen bauen. Ich habe sogar gesehen, dass eine Frau in wenigen Stunden sich selbst ein – wenn auch kleines – Haus baute. Sie wissen, welche Palmen den Insekten und der Urwaldfäulnis am meisten Widerstand leisten. Man braucht sie für die üblichen Häuser, die mehr als ein paar Monate halten sollen. Sie graben ein Loch mit der Machete, heben den Pfahl, der, wenn er aus Eisenholz besteht, bemerkenswert schwer ist und lassen ihn so kräftig wie sie vermögen, in das Loch fallen. Das wiederholen sie mehrere Male, bis der Pfahl tief im Untergrund sitzt. Dann drücken sie die Erde fest. So machen sie es auch bei dem zweiten Pfahl. Am oberen Ende dieser Pfähle sind Kerben angebracht, in die der Firstbalken, gewöhnlich eine Bambusstange, gelegt wird. Die Dachsparren sind aus leichtgewichtigem, aber starkem Rohrgras gefertigt, dem *caña brava* der Amazonasregion, das den Vorteil hat, nicht nur zäh, sondern auch beinahe völlig gerade zu sein. Darauf packt man die Dachblätter. Es gibt eine Palme, deren Blätter können für Kurzzeithäuser unverwebt benutzt werden. Mir kommt es vor, als hätte der Herr diese Palmen speziell zum Dachdecken erschaffen – jedes Blatt hat die Länge oder wenigstens die halbe Länge eines durchschnittlichen Aucahauses und braucht nur in der Mitte aufgespalten und an den Sparren befestigt zu werden. Soll das Dach ungefähr fünf Jahre halten, nimmt man die Raffia-Palme. Deren Blätter werden genauso aufgespalten und ihre Wedel werden verwoben. Drei oder vier Lagen von ihnen verknotet man dann mit Lianen. Das gibt nicht nur eine wasserdichte Abdeckung, sondern isoliert auch schön gegen die Hitze und das Prasseln des Tropenregens. In dieser Gegend fallen jährlich gut drei Meter Niederschlag! Der Rauch von den Feuern im Hause überzieht außerdem die Blätter mit Teer, der als Insektenschutz dient.

Seit Jahren schon lernten die Aucas den Gebrauch von Streichhölzern, die sie den Quichuas gestohlen hatten oder die ihnen von der Shell-AG vom Flugzeug aus zugeworfen wurde. Aber sie brauchen sie nur selten, weil die Feuer in jedem Haus beständig unterhalten werden. Tagsüber braucht man sie zum Essenkochen und als schwaches Insektenmittel und in der Nacht als Schutz vor Tieren und zum Wärmen. Im Gegensatz zu landläufigen Meinungen sind nicht alle Urwälder heiß und dampfig. Dies Gebiet am Westrand des riesigen Amazonasbeckens, nahe an den Vorgebirgen der Anden, liegt etwa fünfhundert Meter hoch. Das Klima ist ideal, mit warmen, oft sonnigen Tagen und kühlen Nächten und einer Durchschnittstemperatur von 22^0 Celsius. Es heißt, die Vielfalt der Arten und die Üppigkeit der einzelnen Pflanzen sei hier die reichste der ganzen Welt.

Obwohl wir Kleidung und Decken und Feuer nötig hatten, uns nachts warm zu halten, fühlt sich der nackte Auca wohl, wenn seine Füße warm sind. Sein Feuer hat er direkt neben seiner Hängematte und seine Füße hält er während des Schlafes in den Rauch. Ist das Feuer soweit heruntergebrannt, dass ihm die Füße kalt werden, so wacht er auf und reicht einfach, ohne aus dem »Bett« zu steigen, nach unten, um die Holzscheite zusammenzuschieben. Gelegentlich richtet er sich auf und reibt sich die Hände, um sie zu erwärmen. Am Morgen braucht die Frau nur einen Topf mit Essen, das sie am Abend vorher zubereitete, ins Feuer zu stellen. Dann ist das Frühstück vor dem Aufstehen schon fertig!

Die einzige Einrichtung in den Aucahäusern neben dem Feuer ist die Hängematte. Sie ist das vielseitigste Möbelstück, das ich je gesehen habe. Gewebt aus leichten, starken Palmfasern ist sie tragbar, benötigt keinerlei Bodenfläche und ist äußerst bequem, sowohl zum Liegen als auch zum Sitzen. Wenn man in ihr sitzt und die Füße auf dem Boden hat, dient die Hängematte als Sessel oder Stuhl. Nimmt man die Füße mit hinein, wird sie zum Konturensessel. Ist sie ganz ausgebreitet, wird sie zu einem sehr komfortablen Bett, in dem man diagonal liegend auf einer nahezu horizontalen Ebene schläft.

Es dauerte nicht lange, bis wir erkannten, wie sehr diese Methode unserer eigenen überlegen war. Das Flugzeug warf mir eine Hängematte nach Aucaart ab, die allerdings von einem anderen Stamm hergestellt war. Ich lernte auch, mein Feuer in Gang zu halten und ich empfand es als sehr trostreich, wenn ich in einer stürmischen Regennacht aufwachte und die glühende Wärme neben mir fühlte. Valerie schlief in ihrem Bambusbett dicht neben meiner Hängematte in einer Decke, die ich gefaltet und an zwei Seiten zugenäht hatte. Es war ein richtiger Schlafsack. Ich wusste nicht, wie ich sie in einer Hängematte zudecken sollte und auf dem Bambuslager konnte ich die Decke nirgends feststecken, so entschied ich mich zu dieser Methode, die sich als brauchbar erwies.

Die Hängematte war der »Küchenstuhl«, auf dem ich beim Kochen saß und ein idealer Ort zum Lernen. Dabei konnte ich Valeries »Bett« als Tisch verwenden, auf den ich mein Arbeitsmaterial ausbreitete und es mir während der Arbeit bequem machen. Ich saß während des Essens darin und lag darin, wenn ich abends bei Kerzenschein las. Oft teilte ich sie mit Valerie, wenn ich ihr vorlas oder mit einem Auca, der mit mir reden wollte. Sie war entfaltbar und sogar für zwei sehr bequem. Auca-Eheleute schlafen gewöhnlich in einer Hängematte und oft teilen Mütter sie mit ihren Kindern.

Es lässt sich viel für und gegen die »Identifikation« sagen, diesen Versuch eines Fremden, so zu leben, wie die Leute, unter denen er arbeitet. Man hat es in unterschiedlichem Ausmaß und auf manche Weise in allen Weltteilen ausprobiert.[1] Ich habe es selbst einigermaßen versucht. Dabei muss ich den Leser daran erinnern, dass ich weniger als ein Jahr bei den Aucas wohnte.[2] Es ist möglich, einige Dinge für begrenzte Zeit zu tun, die aber nicht auf Dauer durchzuhalten sind, obwohl es schien, als hätten wir unser »Aucaleben« immer so weiter führen können. Ich bin zu

---

[1] Siehe Daniel Johnson Fleming, Living as Comrades, Agricultural Mission Inc. New York, 1950.
[2] Siehe Nachwort

keinem Schluss gekommen über den Nutzen der Identifikation vom Standpunkt des Indianers aus betrachtet. Ob meine Bemühungen, mich ihnen anzugleichen, dazu führten, dass sie mich liebten, weiß ich nicht, wohl aber, dass ich sie dadurch lieben lernte. »Nicht dass wir geliebt werden, sondern dass wir lieben, bringt uns näher zusammen« (George MacDonald).

Wir hatten keine Möglichkeit, unser Leben anders zu gestalten. Man hatte uns ein Aucahaus gegeben und wir wohnten darin. Es war kein Traumhaus. Außer dem völligen Fehlen von Privatsphäre und Reinlichkeit, mangelte es an Schutz vor Insekten und Regen, ja sogar vor Schlangen. Ich begann über einige Verbesserungen nachzudenken, als ich eines Abends eine zusammengerollte Schlange neben dem Kopf der schlafenden Valerie entdeckte. Aber es gab keine Möglichkeit dafür, ohne neue Pro-

Eine Hängematte schien mir nicht sehr bequem zu sein, bis ich sah, wie die Aucas darin liegen: diagonal. Danach fand ich es herrlich, darin zu schlafen, zu essen und zu studieren. Das Feuer war auf der anderen Seite in Reichweite. So konnte ich während meiner Sprachstudien kochen und hatte beim Schlafen warme Füße.

bleme zu bekommen, die wir zu der Zeit unbedingt vermeiden wollten.

Das Schlimmste von allem waren die Insekten. Es ist leicht zu sagen, Indianer seien die Plage gewöhnt und immun dagegen und dass nur die Gesundheit der Fremden beeinträchtigt würde, wenn sie sich nicht schützten. Ich glaube das nicht. Indianer leiden unter Insekten. Sie sind nicht immun, obwohl es so aussieht, als hätten sie ein gewisses Maß an Immunität entwickelt. Ich habe niemals ein Dauerleiden durch Insektenstiche gehabt. Wenn ich darüber klagte, wie lästig sie seien, so stimmt der Indianer von ganzem Herzen ein, obwohl er von sich aus normalerweise nicht darüber jammert. Insekten gehören zu seinem Leben und er hat sie zu akzeptieren gelernt, wie er alles akzeptiert, was wir als Mühsal bezeichnen. Er bedauert sich deshalb nicht. Während der schlimmsten Mückenzeit scheint es fast, als besäßen die Aucas einen besonderen Rhythmus in ihren ständigen Bewegungen, um sich der Plage zu erwehren. Sie schlagen sich auf den Rücken, fegen über die Beine und treten von einem Fuß auf den anderen. An heißen Tagen treten die Schweißfliegen in Scharen auf und kriechen in Nase und Mund, in Augen und Ohren und umschwärmen das Essen. Manchmal landen sie dutzendweise auf dem Löffel, während er vom Topf zum Mund geführt wird. Man kann die Viecher nicht verscheuchen, jedes Einzelne muss abgesammelt werden.

Eine liebe Dame schickte mir Geld mit dem Vermerk, das sei für Fensterscheiben für mein Aucahaus. An was hätte ich Scheiben befestigen können, wenn es keine Wände gab? Oft heißt es, der Missionar solle den Leuten, zu denen er kommt, eine bessere Daseinsbewältigung, einen »höheren« Lebensstandard vormachen. Scheiben aber wären, wenigstens bis jetzt, etwas Unmögliches für Aucas. Hätten wir ein Recht gehabt, sie für uns zu verwenden und damit noch eine Barriere zu errichten zu den hohen hinzu, die wir ohnehin nicht wegräumen können? Ich weiß es nicht. Jesus Christus lebte, als Er hier auf Erden war, auf einem niedrigeren Niveau als die meisten Seiner Volksgenossen. Er hatte nichts, wohin Er Sein Haupt hätte legen können.

Nichts in Jesu Gepflogenheiten oder in Seinem Alltag war außergewöhnlich. Er folgte den Regeln Seiner Zeit und Seines

Volkes. Er war der Ausdruck Seines Vaters, der Fleisch geworden war und unter den Menschen wohnte. Es gab nichts, was an seinem Verhalten von Seiner Botschaft ablenken konnte. Für sie war Er kein Fremder. »Habt diese Gesinnung in euch, die auch in Christus Jesus [war], der in Gestalt Gottes war und es nicht für einen Raub hielt, Gott gleich zu sein. Aber er machte sich selbst zu nichts und nahm Knechtsgestalt an, indem er den Menschen gleich geworden ist« (Philipper 2,5-7).

Ich begann, während ich bei den Aucas wohnte, etwas von dem zu verstehen, was ein Fremdling ist, einer, der seine eigene Kultur drangibt, um Menschen einer anderen Kultur zu gewinnen. Ich begann, mehr als in sechs Missionarsjahren zuvor, zu begreifen, wie wichtig es ist, so viel wie möglich alle Ablenkungen von unserer Botschaft zu entfernen. Brachte ich ihnen die Botschaft eines Fremden oder hatte ich etwas anzubieten, das Leben für sie bedeutete, eben das ewige Leben, wie Johannes den Herrn Jesus in seinem ersten Brief nennt? Er ist das ewige Leben, Er ist das Leben für alle Kulturen.

Kapitel 7

Menü: Maniok, Affe und Nescafé

Eine der ersten Fragen über andere Leute ist die nach deren Essgewohnheiten. Die Aucas kennen wenig Abwechslung in ihrer Nahrung; aber sie haben reichlich davon und wie mir ein Arzt auf meine Beschreibung hin sagte, ist sie wohl ausgewogen. Es gibt keine Mangelerscheinungen. Tatsächlich sind sie ein außergewöhnlich robuster Stamm. Ich fand bei ihnen keine Krankheiten, außer zwei unsicheren Fällen von Malaria, die die Quichuas, ihre Nachbarn, beinahe alle haben – und gewöhnliche Erkältungen. Eine Frau starb nach dem Eintreffen von Dayuma, Mintaka und Mankamu an etwas, was wie Lungenentzündung aussah. Vielleicht hatten die drei einen neuen Bakterienstamm eingeschleppt, gegen den die Aucas nicht resistent waren. Es gab keine Kinderkrankheiten wie Mumps, Masern, Windpocken, Keuchhusten oder Scharlach. Parasiten, der Fluch der Tropen, schienen sie höchstens soweit zu belästigen, dass nur die mildesten Formen von gelegentlichem Durchfall oder Magenschmerz auftraten. Ich behandelte einige entzündete Wunden; aber die Indianer waren bemerkenswert resistent dagegen und schienen auch ohne jedwede Behandlung genauso schnell gesund zu werden. Es gab etliche Leute in der Gruppe, die tiefe Speerwunden trugen. Sie beschrieben mir, wie sie durchstochen wurden. (Eine alte Frau hatte einen Speer zwischen ihren Rippen, der von der Brust her noch den Rücken durchbohrt hatte.) Sie hatten entweder den Speer herausgerissen, wobei das Fleisch von den scharfen Widerhaken gefährlich zerrissen wurde oder sie ließen ihn dort, bis die Wunde faul wurde und die Maden ein genügend großes Loch gefressen hatten, um den Speer zu entfernen. In jedem Fall waren die Narben so sauber, wie wenn ein Chirurg die Sache gemacht hätte.

Nur ein oder zwei Babys wurden während meiner Anwesenheit am Tiwaenu (dem Fluss, an dem wir wohnten) geboren –

beide gesund – so kann ich nichts über die Säuglings-Sterblichkeitsrate sagen.

Die frische Luft, der Sonnenschein, der andauernde Kampf ums Essen und langer Schlaf müssen wohl für einen guten Teil ihrer Zähigkeit verantwortlich gemacht werden. Dabei spielt ihre Nahrung zweifellos eine bedeutende Rolle. Die allerprimitivsten Menschen leben nur vom Jagen, Fischen und Sammeln. Die Aucas sind ein klein wenig fortschrittlicher – sie tun das alles; aber sie betreiben auch einfachen Feldbau. Dabei wird Maniok oder Kassava erzeugt, eine stärkereiche Knolle, die in Amazonien gedeiht und die Banane. Fast jedes Jahr roden sie ein neues Waldstück. Dabei hauen oder brennen sie das Unterholz ab. Und lassen die dicken Stämme liegen, wo sie hingefallen sind. Mit dem Grabstock machen sie Löcher in den Boden, in die sie Maniok- oder Pisangsetzlinge stecken. Diese Pflanzen bedürfen nur wenig Pflege und nach fünf Monaten können sie Maniok und Bananen für ein Jahr ernten. Maniok ist für den Dschungelindianer, was für uns Brot und Kartoffeln sind. Selten nur isst er Fisch oder Fleisch ohne große Brocken gekochten Manioks. Die Frauen bereiten ein nahrhaftes Getränk, indem sie Maniok kochen und pürieren. Dann kauen sie ein wenig davon durch und spucken es danach in die übrige Masse, um eine Fermentation anzuregen. Mit Wasser vermischt ist dieser Trunk am nächsten Tag zu einer zähen Flüssigkeit von milchartiger Konsistenz geworden in der viele Klümpchen schwimmen. Sie muss sehr sättigend sein.

Die Männer verbringen den größten Teil fast jeden Tages mit der Jagd. Diese Aufgabe reichte schon aus, gäbe es in ihrer Gesellschaft annähernd so viele Männer wie Frauen. Da aber die Anzahl der Männer wegen des jahrelangen gegenseitigen Totspießens rapide gesunken ist, haben die Übrigen alle Hände voll zu tun, ihre eigenen Familien zu ernähren, dazu die Schwestern, Schwägerinnen oder anderen Witwen, die bei ihnen wohnen. Schon vor Hellwerden ziehen sie los, nachdem sie ein Frühstück aus Fleisch, Fisch und Maniok und dazu einen Bananen-Trunk zu sich genommen haben. Gewöhnlich sagen sie, was sie diesmal zu jagen vorhaben – Brüllaffen, Wollaffen, Flughörnchen, Tukane oder Aras. Um diese zu erlegen benutzen sie Blasrohre,

Ein Wollaffe oder Gatan ist der beste Spielkamerad für die Kinder. Er hat einmal meinen gesamten Wochenvorrat an frischem Rindfleisch aufgefressen, während ich an Dayumas Sonntagsversammlung teilnahm. Sinnigerweise hat er statt des Fleisches einen Waschlappen in die Suppe gesteckt.

lange geglättete Rohre aus schwerem Palmholz, durch das sie vergiftete Pfeile blasen.

Das Gift ist wahrscheinlich Curare; aber ich habe das nie in Erfahrung bringen können. Es wird aus einer Lianenrinde gewonnen, indem man es mit einem scharfen Messer abkratzt und es in einen Blättertrichter füllt und anfeuchtet. Der Trichter wird durch Stäbe gehalten und die Flüssigkeit fängt man in einem kleinen Tongefäß auf. Nach einigen Stunden wird sie vorsichtig über dem Feuer erhitzt, wobei man sorgsam das Kochen vermeidet. Der Indianer beobachtet den Vorgang aufmerksam, und wenn sich oben eine Haut auf dem braunen Saft bildet, hebt er sie behutsam mit der Spitze eines Pfeiles ab und streicht sie auf eine Tonscherbe. Sobald sie abgekühlt und eingedickt ist, taucht er alle seine Pfeile tief in die Paste. Zum Trocknen lehnt er sie säuberlich an ein winziges Gestell, das er aus zwei Stäben gefertigt hat, indem er sie in die Asche neben dem Feuer steckte. Wenn das Gift getrocknet ist, sieht es aus wie eine dunkle Hülle aus Schellack und behält mehrere Monate lang seine Wirksamkeit. Die Pfeile werden in einem ausgehöhlten Stück Bambusrohr aufbewahrt, das durch eine wasserdichte Schicht aus Rinde und Teer geschützt und mit Piranha-Zähnen geschmückt ist. Von diesen Fischen heißt es, sie fräßen verwundete Menschen und Tiere. (Ich habe eine Reihe ecuadorianischer Indianer gefragt; keinem ist ein solcher Fall bekannt gewesen.) Die Piranhas bevölkern die östlichen Dschungelgewässer und sind wegen ihres wohlschmeckenden Fleisches und ihrer scharfen Zähne begehrt. Letztere braucht man, um eine winzige Rille hinter der Pfeilspitze zu schneiden. Wenn der Pfeil einen Affen trifft, wird er oft versuchen, den Pfeil zu entfernen und das geschieht dann, bevor die Vergiftung eingesetzt hat. Die Rille macht, dass der Pfeil abbricht und das vergiftete Ende im Körper bleibt.

Um die Pfeildose ist ein Bündel Kapok gebunden. Der Indianer zieht einen kleinen Bausch davon herunter und schlingt ihn einmal um den Pfeil. Er dient als Kolben, der den Pfeil beim Blasen durch das Rohr schnellen lässt.

Eines Tages luden sie mich ein, mit auf die Wildschweinjagd zu gehen. Kimu hatte Bäume gefällt. Plötzlich kam er auf die Lichtung gerast und schrie: »Eine ganze Herde Schweine!« Er ergriff seine Speere, goss sich einen *Chicha*-Trunk hinunter, riss die Badehose, die er trug, vom Leibe und eilte in den Wald; Naena, Dawa und ich folgten. Bald verließen wir den Pfad (kaum dass er noch diesen Namen verdiente) und es ging die Hügel hinauf und hinab, über Bäche, durch Sumpf, Dickicht und Dornen. Jedesmal, wenn wir an ein Wasser kamen, entdeckte ich die Fußspuren der Schweine im Sand. Die Indianer waren ihnen die ganze Zeit nachgelaufen, obwohl ich nichts davon im Unterholz erkennen konnte. Wie sie das machten – und mit welcher Geschwindigkeit – ist mir immer ein Geheimnis geblieben. Es dauerte nicht lange und ich wusste überhaupt nicht mehr, wo ich mich befand; umso wichtiger war es, mich dicht hinter die Indianer zu halten; denn allein hätte ich nie nach Hause gefunden.

Plötzlich tauchten Gimari und Ipa wie zwei nackte Geister neben mir auf. Ich hatte gemeint, sie seien zu Hause geblieben; aber irgendwie waren sie jetzt zu uns gestoßen.

Ich hatte das Zeitgefühl verloren; aber ich glaube, es war nach einer Stunde, als die kleine Indianerkette, von Kimu angeführt, abrupt stehen blieb und nur im leisesten Flüsterton sprach. »Jetzt kommen sie!« Ich glaubte es nicht. Warum sollten die Schweine auf uns zulaufen und auf dem Weg zurückkehren, auf dem wir sie verfolgten? Irgendwie wusste Kimu, dass sie gerade dies tun würden und ich konnte sie jetzt zum ersten Mal hören; obwohl er ihren Lauten schon lange gefolgt war. Es schien eine große Herde zu sein, die da grunzend und raschelnd auf uns zukam. Ich hatte meine Kamera schussbereit; aber ich fragte mich, was ich machen sollte, wenn die wilde Meute gegen uns anstürmen würde. Gimari flüsterte: »Steh still am Rand ihres Weges – wie ich. Dann beißen sie dich nicht. Sie hasten dann nur vorbei und du kannst Bilder machen!« Alle standen wie Bildsäulen, Kimu hatte seinen kräftigen Arm hoch erhoben. Darin hielt er waagerecht einen rot bemalten, befiederten Speer; jeder Nerv war aufs Äußerste gespannt. Das Rascheln und Grunzen schien kaum zehn Meter entfernt zu sein, als die Tiere uns bemerkten. Sie wendeten um neunzig Grad und flohen, wobei sie schon nach ein oder zwei Sekunden nicht mehr zu hören waren. Ich begann die Geschichten zu glauben, in denen ich gelesen hatte, dass sich große Tiere geräuschlos durch den Dschungel bewegen können, ohne auch nur mit einem Blatt zu rascheln. Alles war so still wie zuvor. In der Ferne schrie ein Vogel und Kimu verschwand; er suchte die Schweine noch einmal. Die Frauen beschlossen, nach Hause zu gehen; ich folgte, enttäuscht, weil ich die Einzige war, die keine Wildschweine zu sehen bekommen hatte.

Kimu kam drei oder vier Stunden später heim, beladen mit einer stattlichen Sau. Am nächsten Tag zog er wieder los, um der gleichen Herde zu folgen (er wusste, wo diese die Nacht verbringen würde) und kam am Abend mit einem Keiler und einem Frischling zurück. Das Schweinchen hatte er mit der Hand gefangen und wollte es seiner Frau als Haustier mitbringen; aber weil es ihn so schrecklich gebissen hatte, erstach er es mit dem Speer.

Manchmal, wenn die Flüsse besonders klar sind, beschließen alle, auf Fischfang-Expedition zu gehen. Gelegentlich benutzen sie dazu eine giftige Wurzel, die, wenn man sie ins Wasser hält, die Fische lähmt, so dass man sie bequem mit der Hand fangen kann. Gewöhnlich aber spitzen die Männer ihre langen, elastischen Fischspeere dafür an und die Frauen benutzen ihre schönen, aus Palmfasern gewebten Senknetze, die an hölzernen Ringen befestigt sind.

Zuerst gehen die Männer los, dabei lassen sie oft einen Jungen in dem von ihnen bestimmten Teich unter Wasser tauchen und nachsehen, ob es dort Fische gibt. Wenn nicht, geht es zum nächsten. Oftmals schwimmt eine ganze Schule von Fischen vorüber; dann beginnt unter Hallo und Gelächter die wilde Jagd. Ein Schwung – »*Baru!*« – der Speer federt aus dem Wasser und der Fisch gleitet an dem Schaft nach unten. Dabei dreht er sich und glitzert in der Sonne. Mit dem Messer, das der Indianer in der Linken hält, zertrümmert er seinem Fang den Schädel und wirft ihn im hohen Bogen ans Land, wo ihn die Frauen aufnehmen und an Ort und Stelle in dem dafür von ihnen entfachten Feuer braten oder sie tragen ihn in einem schnell hergestellten Palmblatt-Behälter nach Hause. All das ist Sekundensache; während die übrige Zeit mit der Jagd verbracht wird, wobei sie oftmals ihr Ziel verfehlen und wiederum erstaunlicherweise oft treffen.

Die Frauen arbeiten vom Flussufer aus mit ihren Senknetzen, indem sie diese unter die treibenden Lianen und Blätter am Ufersaum schieben. Dabei fangen sie meist Jungfische. Valerie mochte sie gern auf ihren Fischzügen begleiten; denn sie hatte es gelernt, auf ihren Händen über das Flussbett zu gleiten und dabei genau auf die winzigen Panzerwelse zu achten, die sie mit schnellem Griff von der Unterseite der Steine holte. Sie trug dann ihre Beute in ihrem eigenen kleinen Blättergefäß heim, das von einem um ihren Kopf geschlungenen Bastband gehalten wurde.

Spät am Nachmittag nach Hause zurückgekehrt, gehen die Frauen sofort daran, das Feuer zu entfachen, das die ganze Zeit geschwelt hatte. Sie säubern die Fische, wobei sie gewöhnlich die Schuppen dran lassen; stets aber bleiben Kopf und Schwanz erhalten. Sie füllen ihren größten Topf mit Maniok und Fisch und setzen ihn über das Feuer. Dann bereiten sie die übrigen Fische zum Räuchern vor, was die beste Konservierungsmethode ist, da sie Salz in keinerlei Form kennen. Dazu sammeln sie grüne Äste von etwa drei Zentimeter Dicke und bauen damit eine Plattform über dem Feuer. Darauf legen sie die präparierten Fische, die sie mit Laub bedecken, damit der Rauch gut einwirken kann.

Wenn der gekochte Fisch fertig ist, bedient jede Mutter ihre eigene Familie – ihren Ehemann, falls sie einen hat, dann ihre eigenen Kinder und die Waisen, für die sie sich verantwortlich fühlt. Dabu, der drei Frauen hat, isst mit jeder in ihrem Abteil des Hauses, in dem sie ihr eigenes Feuer unterhält.

Die Menge an Maniok und Fleisch, die ein Auca bei einer Mahlzeit verschlingen kann, ist staunenswert, aber man muss bedenken, dass sie sonst nichts haben, keine Vorspeise, keinen Salat, weder Brot noch Butter, weder Nachtisch noch Getränke. Abwechslung und Qualität unserer Ernährung ersetzt der Auca durch Quantität. Und dann hat er die Fähigkeit, über lange Zeit gar nichts zu sich nehmen zu müssen. Erwachsene erhalten nur selten mittags etwas zu essen. Kinder, die meistens zu Hause sind, knabbern an einer Ähre, an einigen Erdnüssen oder an einem Stückchen getrockneten Fisches. Aber die Jäger tragen nichts bei sich als ihre Waffen und die Frau nimmt nichts zu essen mit, wenn sie zum Arbeiten ausgeht.

Sie wissen auch, wie man das Nahrungsangebot so gut wie möglich ausnutzt. Affen werden abgesengt und dann mit der Haut gekocht; so geht die dünne Fettschicht darunter nicht verloren. Der Schwanz wird geräuchert und gegessen; Köpfe verzehren sie mit dem Gehirn, den Augen, Ohren und allem. Manchmal werden sogar die Zähne sorgfältig ausgezogen und gründlich ausgelutscht, bevor man sie wegwirft.

Es gibt eine Hörnchenart, die nur eine bestimmte Palmnuss frisst. Darum ist der Magen eines solchen Tieres eine große Delikatesse. Er wird auf Asche geröstet und dann mitsamt dem Inhalt gegessen. Fleisch und Fische stellen nicht die einzigen Proteinlieferanten dar. Indianer wissen die großen blassen Raupen, Larven eines Riesenkäfers, zu schätzen. Diese ernähren sich vom Kernholz der Palmen und die Indianer kennen die verräterischen Löcher, die sie machen, wenn sie den Baum befallen. Die Aucas fällen den Stamm und hacken die Larven heraus, dann bringen sie die sich windende und wogende Fracht in einem Blätterpaket heim, um sie roh oder in der Asche geröstet zu verspeisen. Das gibt nicht nur Fett, sondern auch Eiweiß.

Nicht einmal Knochen werden fortgeworfen, bevor sie nicht mit dem Messergriff aufgebrochen und das Mark ausgesaugt wurde.

Außer dem Messer braucht man nichts als einen Kochtopf. Dieser ist entweder aus Aluminium – von einem der Gaben-Abwürfe, die von den fünf Männern initiiert wurden, oder wir hatten ihnen den geschenkt – oder aus Ton, den die Aucafrauen in den Flussbetten der Umgebung finden. Es gibt keine Abwaschprobleme. Das Essen wird mit den Fingern aus dem Topf genommen und auf ausgebreitete Bananenblätter gelegt. Dann greifen wieder eifrige Hände zu. Nur wenige Minuten hört man lautes Schmatzen und Schlürfen; denn länger dauert die Mahlzeit nicht. Unterhaltung während des Essens ist unbekannt. Dann ist nur eins wichtig – und das wird mit ganzer Konzentration und großem Eifer betrieben. Wer es anders machte, bekäme kaum etwas ab.

Ist das Abendessen vorbei, geht es zu Bett. Das ist wieder ein sehr einfaches Unternehmen. Man braucht sich nicht auszuziehen, keine Betten aufzuschütteln, keine Zähne zu putzen. – Aber

Folgende Seiten: *Möge sie immer so bescheiden bleiben! – Val fühlte sich recht zu Hause, wenn sie einen Topf voll Maniok und Fleisch hatte, und dazu ein Bambusbett zum Spielen und Schlafen.*

obwohl die Aucas keine Zahnpflege betreiben, haben sie nahezu perfekte Gebisse, wenn man von ganz alten Menschen absieht. Das Fehlen von Süßigkeiten in ihrer Nahrung wird wohl stark dazu beitragen.

Als wir zu dem Stamm kamen, hatten Rachel und ich gehofft, beinahe vollständig von indianischer Kost leben zu können. Uns wurde gesagt, die Indianer hätten eine ausgewogenen Ernährungsweise – ausreichend Kohlehydrate, Eiweiße und Vitamine – und wir sahen selbst, wie gesund sie zu sein schienen. Ganz abgesehen von dem offensichtlichen Vorteil, von Lebensmittelimporten unabhängig zu sein, hofften wir, durch dies große Maß an Angleichung an ihre Lebensart Vorteile für unsere Arbeit zu gewinnen. Auch hierin hat uns unser Meister ein Beispiel hinterlassen. Er aß, was man Ihm gab, und das in Gesellschaft ganz gewöhnlicher Menschen. Er stand nicht abseits bei ihren Festen. Er aß, wenn Er eingeladen wurde, verschmähte aber auch das einfachste Essen nicht. Ja, er bereitete sogar seinen Jüngern eine Mahlzeit aus Brot und auf Holzkohlen gegrilltem Fisch, damals am See Genezareth.

Wir hatten einige Grundnahrungsmittel mitgebracht, weil wir nicht wussten, was wir vorfinden würden. Stets hatte ich Milchpulver für Valerie. Doch als man uns indianisches Essen anbot, nahmen wir es gern an. Valerie hatte ihr ganzes Leben im Urwald zugebracht und mochte die Speisen des Dschungels beinahe immer lieber als die eingeführten.

Ich hatte mir aber die damit verbundenen Schwierigkeiten nicht so deutlich vorstellen können, vor allem, dass es nichts zum Tauschen gab. Im Quichua-Territorium war es einfach, um Nahrung zu bitten – Eier, Bananen, Maniok – man konnte mit Geld bezahlen. Die Aucas hatten für Geld keinerlei Verwendung und auch für alles andere nicht, was als Tauschobjekt hätte gelten können. Wir befanden uns in einer schwierigen Lage. Entweder wir warteten, bis uns jemand zu essen gab, was häufig, aber nicht regelmäßig geschah oder wir mussten darum bitten. Die Frauen rieten uns mehrfach, um Nahrung zu bitten und manchmal machte ich das auch; aber leicht ist es mir nicht gefallen. Ich war mir bewusst, dass ich nichts als Gegengeschenk hatte; außerdem wurde von Frauen erwartet, dass sie ihr eigenes Gemüse zogen.

Dann gab es Zeiten, in denen nichts war, um das man bitten konnte. Ich sah, dass den Indianern ihre Vorräte ausgegangen waren und während sie gewöhnt waren, ohne Nahrung auszukommen, um alles bei einer späteren riesigen Mahlzeit nachzuholen, litten wir Hunger.

Schließlich erkannten wir, dass wir eine eigene Nahrungsquelle brauchten. Wir hatten gehofft, ohne regelmäßige Nahrungsmittel-Abwürfe der Missionry Aviation Fellowship auskommen zu können; aber wir mussten ihre Hilfe in Anspruch nehmen. So kamen sie denn jeden Freitag und warfen Post und Fleisch im freien Fall ab, während sie andere Dinge wie Milchpulver, Nescafè, Zucker, Haferflocken, Käse und Brot am Fallschirm herabließen.

Das war immer aufregend für uns alle, wenn der »Käfer«, wie die Aucas das Flugzeug nannten, auf die Lichtung zubrauste. Alle, die auf den nahen Feldern oder am Fluss waren, kamen auf den Ruf »*Ibu, Ibu!*« herbeigestürzt. Kumi, ein größerer Junge, machte regelmäßig seine »Reportage« von den Bewegungen des Flugzeuges. Frauen schrien nach ihren Kindern, damit die Lichtung frei war, wenn die Sachen fielen. Einige furchtsame Alte versteckten sich. Entweder Rachel oder ich bedienten das Funkgerät, um zu hören, wie viele Abwürfe zu erwarten waren und ob der Pilot Neuigkeiten für uns hatte. Mehrere weite Kreise und etliche Tiefflüge in Baumwipfelhöhe waren jedesmal nötig, um den Wochenbedarf abzuwerfen. Die Jungen und die jüngeren Frauen beeilten sich, die Beute einzusammeln, sobald das Zeichen »Das war's!« ertönte. Dann versammelten sich alle Indianer in unseren Häusern, um den »Fang« zu inspizieren. Molkereiprodukte wie Milch, Käse oder Butter wurden berochen, gelegentlich auch probiert. Die Reaktion darauf war fast immer negativ. »Das *stinkt*! Willst du *das* essen?«

Gewöhnlich beauftragte ich einen der Männer, das gefrorene Rindfleisch in Stücke zu zerlegen. »Das brennt!«, sagten sie wegen der Kälte. Jeder Familie wurde ein Stück gegeben, auch wenn es deshalb sehr klein ausfiel. Gern wollten wir alles mit ihnen teilen, woran sie Gefallen hatten. Denn auch sie hatten ihr Essen mit uns geteilt. Manche der kleineren Jungen mochten beinahe alles, was sie probierten. Sie warteten schon auf Kandis, Zucker oder Apfelsinen, wenn welche dabei waren, während die älteren jedwede Süßigkeit ablehnten.

Auch die Post musste in ihrem Beisein geöffnet werden. Sie wussten bald, dass in den braunen Umschlägen Zeitschriften steckten, die sie sich griffen, bevor ich sie ansehen konnte. Dann lachten sie über die Bilder, besonders, wenn sie meinten, Ähnlichkeiten mit Bekannten feststellen zu können. Als Nächstes mussten die Briefe gelesen und der Inhalt erzählt werden. Manche gaben vorher einfach keine Ruhe.

»Ist das alles, Gikari? Hast du alles durchgesehen?«

»Das ist alles.«

»Sie sagt, das ist alles. Dann gehen wir!«

Die Nahrungsbeschaffung war nicht das einzige Problem. Das Essenkochen war ein weiteres. Natürlich hatten wir keinen Herd. Unsere Kochstelle glich denen der Aucas – ein Feuer auf der Erde.

Die Beschaffung des Feuerholzes war in mehrfacher Hinsicht ein Problem. Ich wollte so viel wie möglich genauso sein wie die anderen. Es gab genug, worin mir das nicht gelang. Dies nun meinte ich, wenn auch unter großen Mühen, schaffen zu können. Ich bin aber kein Holzfäller und merkte am Tiweanu, dass man kräftige Arme haben muss, wenn man die großen Äxte der Aucas schwingen will (sie stammen von Flugzeug-Abwürfen oder von Raubzügen in Quichuagebiete). Auch stellte ich fest, dass man gut zielen muss, wenn man das Holz spalten will. Fällen konnte ich noch ziemlich gut; aber wenn es ans Spalten ging, bereitete ich den Aucas ein vielbelachtes Schauspiel. Meistens boten sie an, es für mich zu machen, und manchmal hielt Dayuma sie dazu an. Aber ich wusste, dass von den anderen Frauen erwartet wurde, für ihr Feuerholz selbst zu sorgen, und ich wollte mich nicht abseits stellen, indem ich mich dieser Pflicht entzog. Allerdings weiß ich nicht, ob diese Vorstellung irgendein anderes Ergebnis hatte, als mir zu einer guten körperlichen Übung zu verhelfen und mich eine nützliche Tätigkeit zu lehren. Vielmehr glaube ich, die Aucas akzeptierten es eher als eine weitere der amüsierlichen Verschrobenheiten der fremden Frau.

Und dann, wenn wir gegessen hatten, mussten wir abwaschen. Das war nicht schwer; aber es erschien so absurd – das Ritual mit Seife und Schwamm, Topf, Löffeln, Schüsseln, Tassen und dem

Platikgefäß, in dem Valeries Milch aufbereitet wurde. Alle Uten-
silien mussten zum schlammigen Ufer getragen werden. Und das
dreimal am Tag. »Da geht sie schon wieder«, sagten sie dann immer. »Sie geht, ihre Töpfe und Teller und Kleider zu waschen
(denn oft verband ich beide Arbeiten) und ihre Tochter.«

Ich war eine hoffnungslos Fremde und kam mir entsprechend
dumm vor.

Kapitel 8

Die besten Dinge im Leben kosten nichts

Weil die Wilden Menschen sind, mögen sie ebenso gern spielen wie zivilisierte Leute. Hier am Tiweanu gab es keine Bücher, kein Kino, kein Fernsehen, keine Sportveranstaltungen, keine organisierten Spiele irgendwelcher Art, keine Hobbys, keine Vereine, nicht einmal ein Fest habe ich während meiner ganzen Zeit bei den Aucas erlebt. Alles war monoton – dieselbe Szene, die gleichen Leute, derselbe Tagesablauf das ganze Jahr hindurch. Nirgends gab es eine Anregung für das Gemüt, wie wir es verstehen. Die Lichtung war nur klein, die Häuser drängten sich dicht aneinander. Die Hängematten hingen in manchen Häusern kreuz und quer. Die Unterhaltung drehte sich, wie mir schien, um nur ganz wenige Dinge: Nahrung, Jagd, frühere Morde, Sex. Kurz gesagt: Meiner Meinung nach war alles dazu angetan, neurotisch zu werden. Das aber war durchaus nicht der Fall. Sie fanden reichliche Betätigung.

Vor allem arbeiten sie. Das nimmt einen weit größeren Raum ein, als ich mir vorgestellt hatte. Wir sagen, die Menschen in den Tropen seien träge. Ich meine nicht, dass die Aucas damit richtig gekennzeichnet wären.

Mankamus Tagespensum habe ich einmal genau aufgeschrieben. Um halbfünf erwachte ich durch einen knackenden Laut. Sie saß aufrecht in ihrer Hängematte und schälte Maniok ohne Verwendung eines Werkzeugs außer ihrer Hände. Sie beklopfte die Maniokstange ringsumher mit einer anderen Stange, dadurch platzte die Schale auf, die sie mit ihren Fingern entfernte. Ein weiterer heftiger Schlag auf das obere Ende der Stange spaltete diese in lange Streifen, die sie in den Kochtopf warf. Danach blies sie das Feuer an und setzte den Topf auf. Nach dem Frühstück bepackte sie einen Korb mit Bananen, Maniok, Erdnüssen und Süßkartoffeln, die alle zusammen etwa siebzig Pfund wiegen mochten. Ich wollte die Ladung anheben, doch das konnte ich nicht. Sie aber hockte sich mit dem Rücken zum Korb nieder, zog einen Strick über den Kopf und stand mitsamt dem Korb auf. Ich begleitete sie auf dem Dschungelpfad. Sie ging langsamer, als sie es ohne Korb getan hätte; aber sie ging unermüdlich weiter, hügelab und hügelauf, durch Bäche und über Felsen. Ipa war auch mitgegangen. Sie hatte ein genauso großes Gepäck wie Mankamu, außerdem ein zweijähriges Kind, das in einem Bastgeflecht an ihrer Schulter schaukelte und auch noch in den Händen ein Gefäß mit *Chicha*. An einer Stelle glitt sie aus und fiel, schaffte es aber, in Sitzposition zu landen, so dass das Kind unverletzt blieb. Die schwere Last zog sie beim Fall nach hinten und zerquetschte das *Chicha*-Paket, doch sie sprang fröhlich auf, suchte ein Blatt, um ein neues Gefäß zu machen, zog das Trageband über den Kopf und ging wieder los, ohne auch nur »Puh!« zu sagen.

Als wir am vielleicht zwölf Meilen entfernten Bestimmungsort ankamen (mehr als 19 km), setzte Mankamu ihre Last ab, kochte eine ordentliche Mahlzeit, säuberte das Haus, hackte Holz, ging eine Meile flussabwärts, um einen Topf voll Hülsenfrüchte zu sammeln, hackte Stufen in die Uferböschung, setzte eine Plattform über das Feuer und verbrachte die ganze Nacht beim Fische-Räuchern.

Ich schämte mich, jemals Selbstmitleid gehabt oder die Indianer Faulpelze genannt zu haben.

Wenn sie nicht arbeiteten, dachten sich die Aucas vielerlei Zerstreuungen aus. Das geringste Ereignis auf der Lichtung war ein Gegenstand der Unterhaltung. Wenn sich zwei Hähne, die sie »aus der Luft« geschenkt bekommen hatten, zankten, schauten alle mit größtem Interesse zu. Stolperte jemand mit einem Wassergefäß, war ihm die Aufmerksamkeit aller sicher. Als mein Topf von den drei Ästen rutschte, die ihn halten sollten und der Inhalt ins Feuer fiel, schüttelte sich das ganze Dorf vor Gelächter. »Gikaris Topf ist umgefallen!«, tönte es von Haus zu Haus. »Gikaris Topf ist umgefallen!« »Alles verbrannt?« »Alles verbrannt. Ha-Ha!«

Vögel, die durch die Lichtung flogen, wurden beobachtet, wie Amerikaner Autos oder Flugzeuge betrachten. Man stellte die Art und deren Besonderheiten fest und beschrieb ihren Flug wie Sportreporter einen Wettkampf.

»Ah! Zwei Papageien! Mann und Frau. Jetzt kommen sie hier-

Man unterschätze nie die Macht einer Frau. Bai, der zuerst nichts vom Anziehen hält, versucht sich dagegen zur Wehr zu setzen, gibt aber schließlich auf.

her. Da geht's jetzt hin. Jetzt geradeswegs zum Kapokbaum. In den Kapokbaum – nein, sie fliegen drum herum. Da! Noch zwei. Jetzt sind sie alle zusammen. Wo werden sie landen? Ich werde sie schießen, alle vier – *watik, watik, watik, watik* – mit meinen Pfeilen.«

Jeder mochte gern Tiere oder Kinder ärgern. Hunde, die den Aucas unbekannt waren, bis Dayuma drei Welpen einführte, waren eine neue Abwechslung. Man riss ihnen am Schwanz, streichelte sie und mästete sie, bis sie die fettesten Urwaldhunde waren, die ich je gesehen habe. Die Jungen hatten ihren Spaß, sie zu wildem Bellen zu reizen, indem sie laut schrien und ihnen mit Palmwedeln vor der Nase herumfuchtelten. Affen wurden gut gefüttert und gehätschelt, aber auch grausam gequält. Es war nichts Ungewöhnliches, dass ein Menschenbaby gleichzeitig mit einem Affenjungen an der Brust einer Auca-Mutter trank. Kinder wurden ausgelacht, wenn sie hinfielen oder sich verletzt hatten, genauso ging es Erwachsenen. Manchmal vergnügten sich die Erwachsenen, indem sie den Kindern solche Sachen vorlogen, die diese laut schreien ließen. »Deine Mutter ist jetzt für immer fort. Du siehst sie nie wieder«, wurde einem Kind erzählt, als es mitten in der Nacht aufwachte und die Mutter für kurze Zeit nach draußen gegangen war. Oder als Kimu ein großes Feuer zum Buschabbrennen entfacht hatte: »Kimu will dich braten. Du wirst so schön brennen, dass wir alle laut lachen.«

Valerie bekam auch ihren Teil davon ab. Eines Tages kam sie schreiend zu mir herein, weil ihr gesagt worden war, Dabu werde sie mit der Axt in Stücke hacken. Derselbe Mann, der ihr das sagte, zeigte ihr zu anderen Gelegenheiten geduldig, wie man eine Banane auf Holzkohlen brät.

»Die finsteren Orte dieser Erde sind lauter Wohnungen des Schreckens.« Das ist wahr. Grausamkeit in jedweder Form ist unentschuldbar; aber weil ihre Art grausam zu sein anders als unsere ist, ist sie darum *schlimmer* als unsere? Wir haben oft beobachtet, wie grausam Kinder untereinander sind. Das trifft auf das moderne Amerika genauso zu wie auf die Primitiven am Tiweanu. Ein behindertes Kind ist das Ziel des Spotts seiner Kameraden, ein Kind, das sich verletzt hat, wird ausgelacht; das scheue und einsame Kind wird von den anderen gemieden und dadurch noch scheuer und einsamer. Als Erwachsene verurteilen wir dies Verhalten. Wir sind einem allgemeinen gesellschaftlichen Druck unterworfen, der unser Verhalten modifizierte. Wie oft mag das von der Gesellschaft geprägte Bewusstsein viel eher diese Wandlung hervorgerufen haben als das eigene Gewissen?

Wir sind auf andere Art grausam. Ist es nicht grausam, gleichgültig dem Leid anderer zuzusehen oder gar der Wunsch, ihnen Schmerzen zuzufügen? Welche andere Wurzel hat das »Integrationsproblem« in den Vereinigten Staaten? Woher kommt der Geist der Rivalität und der Zwietracht, die Freude, den Feind am Boden zu sehen, den Nächsten zu übertreffen oder das Unglück eines anderen mit den Worten abzutun: »Geschieht ihm recht!«

Wir finden es furchtbar, wenn Kindern Lügen erzählt werden. Aber wir dulden es nicht nur, sondern haben noch unseren Spaß daran, einerlei, was es einen anderen kosten mag. Man sagt dann: »Das war doch nur ein bisschen verkohlen!«

Wir haben Konvention mit Tugend verwechselt, genauso Erziehung mit Gerechtigkeit und Schicklichkeit mit Reinheit.

Wenn ein Auca gleichgültig gegenüber den Leiden anderer ist (und vielleicht ist er nicht so gleichgültig, wie es uns vorkommt), so ist er auch gleichgültig gegen sich selbst. Er kann lachen, wenn er sich verletzt hat. Er kennt kein Selbstmitleid. Wer vom Selbstmitleid frei ist, ist auf gutem Weg, ein Erwachsener zu werden.

Spielen heißt für Auca-Jungen meistens Speerwerfen. Die Männer zeigen es ihnen und benutzen dazu alle möglichen Größen – von ganz winzigen von der Größe eines Besenhaars zum Aufspießen von Spinnen bis zu den drei Meter langen Palmenholzlanzen, mit denen Wildschweine, Riesenschlangen und Menschen umgebracht werden. Die Jungen werfen oft einen Bananenstängel ins strömende Wasser und jagen ihn mit ihrem Fischspeer. Jeder versucht, den besten Treffer anzubringen. Sie schleudern ihre Speere, begleitet von Ausrufen wie: »*Baru!*« (»Da!«) oder »*Ba-ah!*« (»Der sitzt!«).

Die Kinder verstehen es, riesige Hummeln mit einer dünnen Schlinge aus Palmfiber zu fangen, ohne gestochen zu werden.

Folgende Seiten: *Dabu und Valerie haben beide die Fähigkeit, sich an trägen Auca-Nachmittagen mit simplen Spielchen die Zeit zu vertreiben.*

Diese lassen sie dann »fliegen«, wie amerikanische Jungen Flugzeuge fliegen lassen und die Hummel hat einen richtigen, lebendigen Motor, den man nicht aufziehen muss. Haben die Kinder genug davon, so binden sie ein winziges Kapokflöckchen ans andere Ende und lassen die Hummel in den Dschungel entkommen. Der weiße Fleck leuchtet noch lange im Sonnenlicht.

Nachts ziehen sie los, um große Kröten aufzuspießen, ohne sie zu töten. Dann legen sie ihnen glühende Holzkohlen auf den Rücken und schauen zu, wie die glimmenden »Schlussleuchten« durch die Dunkelheit hüpfen.

Sie sind nicht immer sadistisch. Sie schießen winzige Vögel mit dem Blasrohr und reißen ihnen noch bei lebendigem Leibe die Federn aus, um sie zu braten und zu essen. Scheint aber ein Vogel einen Pfeilschuss ziemlich gut überstanden zu haben, pflegen sie ihn gewöhnlich sehr fürsorglich wieder gesund, geben ihm Leckerbissen, streicheln ihn in der Hand und bauen ihm einen kleinen Bauer mit einem Blätterdach, wo er sich wohlfühlen kann.

Und immer ist der Fluss als unerschöpfliche Unterhaltung da. Alle baden gern, oft schwimmen die Erwachsenen mit den Kindern auf ihren Rücken, so dass man manchmal nur die Kinder über Wasser sehen kann. Die Jungen machen es wie überall in Badegelegenheiten: Sie schreien und tauchen, drücken einander unter Wasser, machen Wettschwimmen und geben falschen Alarm, der sehr wohl wahr sein könnte: »Anakonda!« oder »Zitteraal!«

Das Gespräch ist aber die gewöhnlichste Art der Zerstreuung. Die meisten mögen gern reden; es gibt richtige Meister unter ihnen, die ohne Unterbrechung zwei Stunden und länger erzählen können; dazu brauchen sie höchstens ab und an ein aufmunterndes Räuspern der Zuhörer. Der frühe Morgen ist oft die geselligste Stunde. Einer erwacht und schürt sein Feuer irgendwann zwischen drei oder fünf Uhr. Nun meint er, der Morgen sei nicht mehr fern und er habe etwas Gesellschaft nötig, so fängt er zu erzählen an. Bekommt er keine Antwort, so weckt er irgendjemand auf, damit er zuhört. Mich hat man wiederholt aufgeweckt, nur um mir zu sagen, dass der Mond scheine, dass Munga gelogen habe oder einfach, dass jemand auf dem Weg zum Urinieren sei.

Ist die Unterhaltung erst im Gange, darf sich jeder beteiligen, einerlei, ob er im selben Haus ist oder nicht. Was einer sagt, wird durch die dazwischen liegenden Häuser bis ins letzte Haus berichtet. Und so geht's immer in der Runde, viele rufen gleichzeitig und Rachel und ich versuchten krampfhaft wenigstens dies und das von dem Gesprochenen zu verstehen oder schriftlich festzuhalten. Rachel meint, nichts gehe über solche stundenlangen Sprachstudien vor dem Frühstück, wenn man etwas in den Kopf bekommen wolle.

Oft begann der Tag, indem jemand zu singen anfing. Ich wurde das gewöhnt und schlief gewöhnlich noch eine Weile fort, während ich im Traum ganz weit weg das näselnde Gesinge der männlichen Stimme hörte. Es kam mir vor wie der Klang einer Maultrommel. Die Aucas können die Stimmbänder auf eine Weise in Bewegung setzen, die ich nicht imitieren kann – immer nasal, oft wie ein Horn, und immer begann und endete es mit einem explosiven Verschlusslaut und bestand aus Hunderten von Wiederholungen derselben Notenfolge. Jedes »Lied« hat nur zwei, höchstens drei Noten und die Worte ändern sich vielleicht alle zehn bis siebzig Wiederholungen. Der Inhalt sind Erzählungen, die mehr oder weniger dem Augenblick entspringen, aber auch Lyrik über Pirole, Blumen, Gewässer, bis hin zu wortlosem nasalen Singsang auf zwei Noten, den Frauen in der Dunkelheit anstimmen. Entweder entspricht das dem berühmten »Pfeifen im Dunkeln«, um sich Mut zu machen oder es ist der Ersatz für den amerikanischen Musikautomaten-Fimmel, der stets nach Geräuschberieselung verlangt. Ich weiß es nicht. Es mag sehr viel ernsthaftere Gründe geben; vielleicht singen die Aucas aber auch nur gern.

Es gibt auch Gelegenheiten, bei denen sie tanzen, so wurde mir jedenfalls berichtet. Sie machten mir vor, wie das vor sich ging. Lange Reihen von Frauen breiteten sich über die ganze Lichtung aus und gingen einfach vorwärts und rückwärts, während sie dabei sangen. Oder die Männer und Frauen legten in langen Reihen einander die Hände auf die Schultern, sprangen hoch und hockten sich tief auf den Boden. Dabei sangen sie.

Wie sich Amerikanerinnen in praktischer Weise mit Stricken oder Häkeln beschäftigen, verbringen die Aucafrauen fast ihre gesamte Zeit, wenn sie zu Hause sind und nicht kochen, mit dem

Spinnen von Fäden für die Hängematten und Fischnetze. Für eine Hängematte brauchen sie beinahe ein ganzes Jahr. Die Fasern kommen von einem Palmenblatt, das der berühmten *paja toquilla* ähnlich ist, aus der die Panamahüte gemacht werden. Sie müssen während eines bestimmten Entwicklungsstadiums geerntet und die Blätter in bestimmter Weise abgerissen werden. Dann werden die Stränge gekocht und an der Sonne getrocknet. Anschließend rollt man die Fasern auf dem bloßen Oberschenkel mit der Handfläche umeinander. Das ergibt erstaunlich starke und haltbare Seile von jeder gewünschten Dicke, vom feinsten Nähgarn bis zu Halteseilen.

Dann war natürlich das Beobachten der Fremden eine neue Unterhaltung. Es gab kaum einen Augenblick des Tages, wo nicht wenigstens die Kinder uns zuschauten, Fragen stellten und unseren Besitz durchstöberten.

Während sie die Päckchen mit Trockensuppe oder die Füller auspackten, fragten sie gewöhnlich: »Was ist das?« Meistens wusste ich kein Aucawort, mit dem ich es hätte erklären können. Dann: »Wer hat das gemacht?« Nun macht es keinen Sinn, einem Auca zu erklären, man kenne den Menschen nicht, der etwas gemacht hat, was man besitzt.

»Hat das dein Mann gemacht?«

»Nein.«

»Hat das dein Vater gemacht?«

»Nein.«

»Hast du das gemacht?«

»Nein.« Ich musste ihnen also erklären, dass ich den Menschen nie gesehen habe, der das herstellte. Ungläubig starrten sie mich an.

»Ja, aber warum hat er es dir denn geschenkt?«

Ich wusste nicht, wie ich ihnen etwas vom Handeln und Bezahlen erklären sollte.

Dann wendeten sie sich etwas Anderem zu: »Kannst du dies machen?«

»Nein.« Dann wandten sie sich etwas Einfacherem zu, was jeder können musste – einem Ton-Kochtopf.

»Kannst du den machen?«

»Nein.«

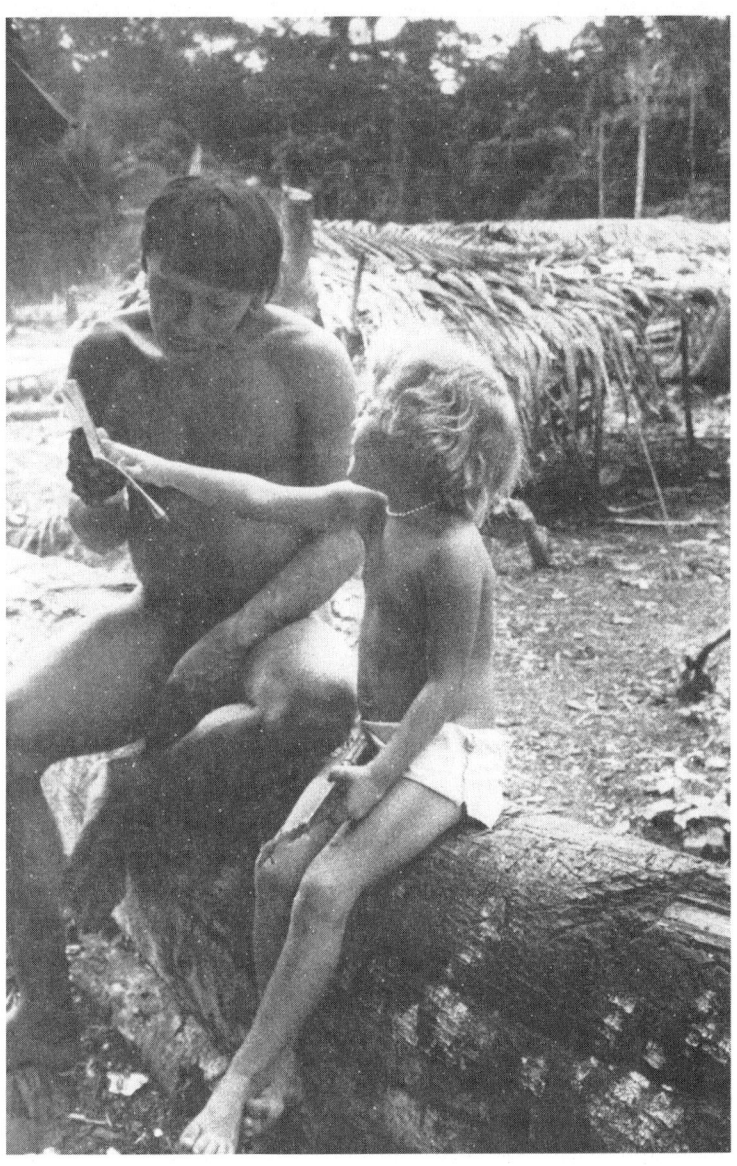

Das Denken des Wilden kann offen und sehr aufrichtig sein. Die Schlichtheit dieser beiden führte zu einer so schönen Verständigung, dass ich sie manchmal darum beneidete.

»Webst du Hängematten?«
»Nein.«
»Webst du Fischnetze?«
»Nein.«
»Pflanzt du Maniok an?«
»Nein.«
Dann ganz verzweifelt: »Was machst du denn?«
(Nach verzweifeltem Überlegen) »Wir schreiben. Wir malen Zeichen auf das Papier.« Ihr Blick verrät: »Welch sinnlose Zeitverschwendung!«

Trotzdem wollten es die Aucas auch versuchen und es dauerte nicht lange, bis sie es lernten, Bilder zu beschauen und sie auch zu erkennen, wenn sie über Kopf standen. Sie konnten endlose Stunden mit dem Blättern in meinen *National-Geographic*-Magazinen verbringen. Wenn ein Junge mit einem Heft fertig war und mich dazu befragt hatte, zeigte er es einem anderen und rezitierte dazu alles, was ich gesagt hatte. Beide wiederholten meine Kommentare, oft unisono, einem dritten.

Sie probierten alle meine Füller aus und ruinierten dabei drei gute. Sie sammelten alle meine aussortierten Briefe, breiteten sie aus und trugen sie überall hin. Sie benutzten sie zu Schreibübungen und zeigten sie ihren Freunden. Kam die Post, so hingen sie über meiner Schulter.

»Wer hat das geschrieben? Wohnt der weit weg? Kennst du ihn?« Sie lernten die Namen all meiner Brüder, meiner Schwester, meiner Eltern und vieler meiner Freunde. Ausgelassen versuchten sie, diese auszusprechen und benannten sich gegenseitig damit.

Valerie hatte viele Kinderbücher zugeschickt bekommen, in denen Tiere zu sehen waren, die Kleidung trugen. Das faszinierte sie. Nicht genug mit der Eigenartigkeit, dass Menschen Kleider trugen, jetzt auch noch Kaninchen und Eichhörnchen! Immer wieder schlugen sie die Seite auf mit einem Wiesel, das Hosen trug und ein Gewehr hatte. Die Kinder begriffen bald, dass dies »nur ein Bild war, das nichts wirklich bedeutete«. Aber manche Erwachsenen konnten sich nur schwer von dem Gedanken befreien, dass die Tiere der Fremden Gewehre hätten.

Valerie war mir bei der Unterhaltung meiner Gäste eine große

Hilfe. Sie zeigte ihnen Bilderbücher und teilte ihre Buntstifte mit ihnen, wenn sie gemeinsam Bilderbücher anmalten. Die Jugendlichen, ja, selbst die Erwachsenen mochten gern malen. Gelegentlich schickten Menschen aus den USA solcherlei Dinge zusammen mit vielen anderen Spielsachen, die nach dem ersten Erstaunen bald in einem altersschwachen Korb verschwanden, wo die Termiten kurzen Prozess mit ihnen machten. Allerdings hatte Valerie ein einziges Spielzeug mit zu den Aucas gebracht – eine Puppe. Die wurde von vielen bewundert. Sie rissen ihr Arme, Beine und den Kopf ab (die Plastikpuppe war schnell wieder zusammenzusetzen) und konnten sich darüber krank lachen.

Valeries Lieblingsspielsachen hätte aber wohl ihre Großeltern in Angst und Schrecken versetzt: ein langes Jagdmesser und ein Feuer. Das Messer war ziemlich stumpf und sie verbrachte viel Zeit damit, alte Baumstümpfe wegzuhacken oder an den Pfählen zu schnitzen, die mein Haus trugen. Dann wieder entfernte sie damit Unkraut, wie es die Aucafrauen mit ihrer Machete machten oder sie grub Löcher. Sie verstand es, das Messer sehr geschickt zu benutzen und half mir beim Schälen des Manioks und der Bananen.

Gern mochte sie Feuer anzünden. Bald konnte sie es sogar im Regen. Wenn sie mit den Aucakindern »Haus« spielte – eine ganz neue Vorstellung für sie – musste sie selbstverständlich ein Feuer haben, um das man sich setzen konnte. Endlose Unterhaltung bot ihr das Suchen kleiner Zweige oder Holzspäne, die beim Baumfällen entstanden waren. Dann nahm sie einen brennenden Zweig aus irgendeinem Feuer, wie es die Aucas auch machten und schon bald hatte sie ein kleines Feuerchen.

Für mich bestand kaum das Problem des »Babysittens« oder dass ich hätte überlegen müssen, wie ich meiner Tochter die Zeit vertreibe. Manchmal hätte ich gern gewusst, wie ich sie ein bisschen besser zu Hause halten konnte. Manchmal kam sie nicht einmal zum Mittagessen heim, so hingerissen war sie von den Freuden des Dschungels und von ihren indianischen Spielkameraden. Eines Tages schrieb ich einen Bericht für alle, die sich große Sorgen um »das arme Kind« machten, das »ohne Spielzeug und ohne weiße Kameraden auskommen musste«, damit sie sehen konnten, was sie den ganzen Tag trieb:

Sie verbrachte den Morgen mit Baden, Fischen, Unkrautjäten. Außerdem schnitt sie Papaya-Stängel zurecht, um sich ein Spiel-Blasrohr zu machen, dann half sie den Mädchen, Baumstämme von der Landebahn zu rollen (Dayuma hatte ihre Leute ermutigt, mit dieser Arbeit zu beginnen), danach fütterte sie ihre Kaulquappen, die sie in einer Dose hält. Heute Nachmittag ist sie mit Kimu und den kleinen Jungen im Kanu den Fluss hinaufgefahren und schaute ihnen beim Fischespeeren zu. Gleich nach dem Mittagessen ging sie mit Iniwa (einem zehnjährigen Jungen), um am Ufer Süßkartoffeln auszugraben. Dann nahm er sie mit auf das Pisangfeld, wo er einige Blüten von den Bäumen schlug. Am Grunde der Blüten ist ein Nektartropfen, den die Kinder gern aussaugen. ... Ich bin dankbar, dass Valerie so reich an Dingen ist, die mehr bedeuten als ein sauberes Bett, ein trockenes Haus, Schuhe, gestärkte Kleidchen oder Museumsbesuche. Ihr gehören die Liebe Gottes, der Fluss, der an ihrem Bett vorbeirauscht und die leuchtenden Sterne, die sie sehen kann, wenn sie sich hinlegt; sie erlebt das Glück eines dampfenden Urwaldmorgens, hört die Nachtvögel, die Grillen und Affen und freut sich an nakkigen Kindern, die schlicht und uneingebildet sind und an kleinen Haustieren – kleine grüne Vögel, gelbe Vögel, braune Vögel, winzige Äffchen – alle von den Aucas gezähmt, die deren Lebensweise zu kennen scheinen und sie dauernd und geduldig versorgen und das niemals vergessen.

Kapitel 9

Die kultivierten Wilden

Weil die Aucas eine nur kleine Gruppe sind, fühlen sie sich fest aneinander gebunden. Höchstwahrscheinlich ist jeder mit jedem irgendwie verwandt, obwohl ihr Moralkodex die Heirat von Cousin und Cousine ersten Grades verbietet. Es gibt bei ihnen keine formale soziale Ordnung, keine Regierung, keine zentrale Autorität irgendeiner Art. Gemeinsame Aktivitäten sind fast unbekannt, außer bei den seltenen »Festen«, wozu alle zusammenkommen – ich weiß nicht, aus welchem Grund – um tüchtig miteinander zu trinken. Sie trinken die übliche Trinkspeise *Chicha*, die bei den Quichuas zu festlichen Anlässen stärker fermentiert wird als bei den Aucas, die es in der mildesten Form genießen. Trunkenheit ist bei ihnen unbekannt.

Viele tolle Gerüchte über Auca-Häuptlinge sind verbreitet worden. Sie seien Furcht erregend, groß, rot, behaart und fett. Uns sagten die Aucas, sie hätten niemals einen Häuptling gehabt. Jeder Mann ist sein eigener Herr. Die einzige soziale Einheit ist die Familie und selbst der Hausvorstand wird kaum als solcher respektiert. Jeder erwachsene Mann hat nur eine Frau, mit Ausnahme von Dabu, der drei besitzt. Ein Ehemann kann seiner Frau auftragen, etwas zu machen; aber sie scheint ungestraft ungehorsam sein zu dürfen. Dayuma sagt, Männer schlügen niemals ihre Frauen, seien auch nur ganz selten böse auf sie. Ich selbst habe nie auch nur den kleinsten Streit zwischen Eheleuten festgestellt. Ich hörte Dabu, als er von einer Schlange gebissen war und noch sehr krank daniederlag, wie er seinen Frauen sagte, sie sollten ihm helfen, Blätter für das Dach zu sammeln – er war gebissen worden, als das Haus erst halb fertig war und er lag im strömenden Regen in seiner Hängematte. Seine Frauen sagten: »Bah!« (»Nein«) und dabei blieb's. Dabu ging und machte es selbst.

Gikita baute ein großes Haus, zu dem er viele schwere Palmenstämme und riesige Mengen an Blättern für das Dach benötigte. Er hatte einen strammen Teenager als Sohn, Kumi, der, wie ich sah, die meiste Zeit damit verbrachte, kleinere Jungen zu jagen und zu ärgern oder einfach zu Hause zu sitzen. Ich fragte Gikita, warum Kumi ihm nicht helfe. »Ich hab's ihm gesagt; aber er sagt *Bah!*«, war die Antwort. Niemals sah ich einen Mann einem anderen helfen, es sei denn, sie hätten beide einen Nutzen davon gehabt. Wenn zwei Männer vorhatten, im selben Haus zu wohnen, arbeiteten selbstverständlich beide daran.

Genauso war es bei den Frauen. Sie waren für ihre eigene Familie verantwortlich und kannten keinerlei Gemeinschaftsprojekte, bei denen die Arbeit aller nur einer zugute kam. Natürlich gingen sie zusammen zum Fischfang, aber jede sorgte nur für sich; allerdings teilten sie meistens denen etwas mit, die nicht mitgegangen waren.

Dabus drei Frauen hatten jede für ihre Kinder zu sorgen und Dabu bekam von allem, was sie zubereiteten, etwas ab. Die meiste Zeit schlief er nur bei der zuletzt erworbenen Frau. Allem Anschein nach kamen sie alle prächtig miteinander aus. Ich habe oft ihren Gleichmut bewundert. Gewöhnlich saßen sie in ihren Hängematten, jede in ihrer Hausecke mit den Kinderhängematten rings um das Feuer. Dann ging das Gespräch von einer zur anderen, indem sie sich den Klatsch und die Ereignisse des Tages berichteten. Es hat Augenblicke gegeben, wie man uns sagte, in denen die älteste der drei, die auch die einzige Zauberdoktorin der Auca-Gesellschaft war, ihre Eifersucht gegenüber der jüngsten Ehefrau zeigte. Dann stand sie nachts auf, ging hinüber und löschte das Feuer an Dabus und Wibas Hängematte, die sie auch kräftig schüttelte, um die beiden zu wecken. Weder Dabu noch Wiba unternahmen irgendetwas gegen diese Zudringlichkeit.

Es scheint keine Hochzeitszeremonie als solche bei ihnen zu geben. Während meiner Zeit gab es keine Hochzeit; aber die, von denen ich hörte, waren alle unterschiedlich. Eine fand während eines Tanzes statt. Alle meinten, Wiba sei eine gute Partie für Dabu. Dabu hatte schon zwei Frauen und viele Kinder, so dass er schwer zu arbeiten hatte. Er wollte keine neue Frau. Aber mitten im Tanz nahm einer Dabus Hand, ein anderer die von Wiba. Sie legten sie ineinander und forderten sie auf zu tanzen. Das war die »Hochzeit«.

Bei einer anderen Gelegenheit kam ein junger Mann an den Rand einer Lichtung und winkte dem von ihm auserwählten Mädchen, die ihm in den Urwald folgte. Das war nicht die »anerkannte« Methode; aber sie funktionierte. Die Stiefmutter des Mädchens rannte wutentbrannt hinter den beiden her und schlug deren Köpfe aneinander und sagte: »Was bildet ihr euch ein?« Doch betrachtete man sie von da an als Mann und Frau.

Manchmal ging der Mann zur Familie des Mädchens und bat um ihre Hand. So hatte es Naenkiwi gemacht. Gimaris Brüder aber lehnten das ab. Immerhin hatte Naenkiwi schon eine Frau. Gimari sollte einem anderen gegeben werden. Aber Naenkiwi blieb dabei und bedrohte ihre Familie; schließlich nahm er sie heimlich. Nicht lange danach wurde er von seinem eigenen Schwager umgebracht, wobei ihm noch ein anderer Mann half. Das mag als Exempel für Stammesdisziplin gelten: die Todesstrafe für Frauenraub. Es mag aber auch eine ganz deutliche Selbstschutzhandlung gewesen sein, weil Naenkiwi das Leben anderer bedroht hatte. Vielleicht war es beides.

Erziehung ist in den Familien nicht hoch entwickelt. Manchmal werden Kinder mit Brennnesseln geschlagen, wenn sie ungehorsam waren oder mit Lianen verprügelt. Nach meinem Eindruck wurde nur selten bestraft und die Eltern übersahen meistens den Ungehorsam, es sei denn, es handelte sich um schwerwiegende Dinge, die der Bequemlichkeit der Erwachsenen unzuträglich waren, wie etwa das Wutgeschrei von Kindern während der Nacht, wenn alle deshalb nicht schlafen konnten. Manchmal, wenn die Männer von der Jagd heimgekehrt waren, stellten sie die Kinder in einer Reihe auf und peitschten eines nach dem anderen kräftig durch. Das, so sagten sie, würde aus ihnen gute Jäger machen. Nachdem sie den ganzen Tag ein Stück Urwald gerodet oder auf dem Maniokfeld gearbeitet hatten, peitschten sie die Kinder mit Brennnesseln vom Kopf bis zu den Füßen, auch das Gesicht und die Augen, »um aus ihnen tüchtige Arbeiter zu machen«.

Folgende Seiten: *Ein Ehepaar in seinem Haus. Meistens sind die Männer ihrer Ehefrau oder ihren Ehefrauen, die sie sich ausgesucht haben, treu. Gelegentlich tauschen bei gegenseitigem Einverständnis, Brüder ihre Frauen oder Schwestern ihre Männer, aber nur für eine begrenzte Zeit.*

Die älteren Frauen hatten das Recht, den jüngeren Befehle zu erteilen, doch gehorchte man nicht immer. Ich habe gesehen, wie sich eine junge Frau ungestraft weigerte. Wenn die Ältere genügend Theater machte, fügte sich die jüngere allerdings meistens, weil sie es, wie alle Indianer, vermeiden wollte, die öffentliche Meinung gegen sich aufzubringen. Sobald die Übrigen irgendeinen Streit bemerkten, mischten sie sich mit voller Hingabe ein und der Unterlegene wurde zur Zielscheibe allgemeinen Spottes. Geschah das, so nahm der Verlierer die Sticheleien und den Hohn mit erstaunlichem Charme auf. Ich bemerkte das gleiche bei einer der Frauen, die besonders gern und lauthals das Tun und Lassen anderer kritisierte. Ich wäre im Fall der von ihr so rüde behandelten Frau stark versucht gewesen, ihr zu sagen, sie solle sich um ihre Angelegenheiten kümmern. Die Aucafrau aber fuhr nur mit ihrer Arbeit fort, ohne sich um die Sticheleien zu kümmern oder sie fragte: »Meinst du, ich soll es so machen?« und nahm den Rat an. Ich sah mich oft selbst dieser Art von Kritik ausgesetzt, selbst wenn ich etwas tat, von dem die Indianer nicht die leiseste Ahnung hatten, etwa wenn ich meine Kamera lud oder am Radio einen Sender suchte. Bei einer Gelegenheit versuchten wir zu viert – Gimari, Kimu, seine Frau Dawa und ich – mehrere hundert Meter Garn zu entwirren. Es schien hoffnungslos zu sein und niemand wusste, wie das am Besten zu bewerkstelligen war. Dawa aber meinte das. Sie gab die Befehle – mit lauter, herrischer Stimme, die mich an die sprichwörtlichen Marktweiber erinnerte. »Jetzt loslassen! Nein! Mach es so! Bring das Ende zu mir! Seht bloß, wie der Holzkopf alles wieder durcheinander bringt! Bleibt davon! Lasst mich das machen. Halt fest! Halt dies! Was hast du bloß vor?« Es war kaum zu ertragen; aber ihr Mann nahm alles sehr gelassen, indem beide, Gimari und er alle Befehle überhörten und nur taten, was sie für richtig hielten. Das war eine der Gelegenheiten, bei denen meine Zunge nur mit Gewalt still gehalten werden konnte, nicht durch Tugend. Ich konnte nicht sagen, was ich gern gesagt hätte.

Öffentliche Kritik, nicht heimliche, schien die Regel zu sein. Nur selten hörte ich einen Auca einen anderen hinter dessen Rücken kritisieren. Munga war ein Mann aus der feindlichen Gruppe derer »unten am Fluss«. Er wurde tolerant, aber nicht herzlich empfangen. Hier und da hörte ich, wie man sich über ihn lustig machte und ihn ungerecht kritisierte. In jedem Fall war es aber so, dass man es ihm auch ins Gesicht hätte sagen können. Bösartige Gerüchte, der Fluch der Kleinstädte in westlichen Ländern, war unter den Wilden selten zu hören.

Tatsächlich fielen manche unserer zivilisierten Sünden durch ihre Abwesenheit auf. Ich bemerkte das fast völlige Fehlen von Angeberei und Stolz, Lüsternheit, Habsucht und Geiz. Die Männer waren nicht faul oder selbstsüchtig im Umgang mit ihrer Jagdbeute – wenn ein Mann ein Tier erlegt hatte, so wurde es an seine eigene Familie verteilt und an seine Schwestern, wenn diese keinen Mann hatten, der für sie sorgte, an Witwen, die nichts hatten und an Rachel und mich. Der Apostel Paulus musste der Gemeinde in Korinth Ermahnungen schicken, weil sie nicht ordentlich für die Witwen sorgten. Der Auca tut das ohne ein Gesetz zu kennen, außer seinem eigenen Gewissen.

Jedem Gast, der in ein Aucahaus kommt, wird ein Schlafplatz und Nahrung angeboten. Nicht sogleich, vielleicht. Ich kam nach einem Halbtagsmarsch in einem Hause an und hatte nichts als einen Korb mit Pisang zum Frühstück bei mir. Mankamu war mitgekommen und ich wusste, dass sie auch nichts bei sich hatte. Als wir ins Haus ihres Bruders kamen, begrüßte man uns nicht. In ihrer Sprache gibt es keine Begrüßung. Sie sahen uns den Fluss heraufkommen und standen am Ufer und warteten. Dann gingen sie zurück ins Haus und als wir ankamen, sagte niemand etwas. Wir gingen hinein und standen. Es gab mehrere leere Hängematten; aber niemand sagte: »Setzt euch!« Ich war müde und Mankamu vielleicht auch. Sie begann zu reden, wie nur sie es kann, ohne aufzuhören, von jeder Einzelheit unserer Reise und von der Gesundheit ihrer Familie. Schließlich setzte sie sich, ohne eingeladen zu sein, hin. Ich tat es ihr sofort nach. Ich war schrecklich hungrig und durstig. Es lag etwas Essen herum; aber Mankamu sprach nicht davon. Erst zwei Stunden später bot man uns einen halben Flaschenkürbis voll Bananentrunk an – dafür werden reife Bananen gekocht, mit den Händen zu einer Paste zerdrückt und mit Wasser vermischt. Mein Durst machte mir das Schlucken der ersten Portion leicht. Bei der zweiten war es schon nicht so einfach, weil das Getränk voller Klumpen und Fäden ist, dazu lauwarm und von modrigem Geruch. Mir sank das Herz, als ich sah, dass ein dritter Topf – jeder etwa mit einem Liter gefüllt – vorbereitet wurde. Vielleicht hätte ich ihn verweigern können, ohne die Gastgeber beleidigt zu haben, weil es kein Ritual im Zusammenhang mit diesem Trunk gab, noch war mir irgendeine anderweitige Bedeutung bekannt. Aber er ist nahrhaft und weil mir bewusst wurde, dass mir weiter nichts angeboten werden würde, trank ich ihn. Sie wussten nicht, dass wir kommen würden, trotzdem zeigten sie sich nicht überrascht und sprachen auch nicht mit uns. Ich habe Aucas nach wochenlanger Abwesenheit heimkommen gesehen, ohne dass sie irgendetwas sagten, was als Begrüßung oder Freude gedeutet werden könnte. Sie nehmen einfach die Unterhaltung auf, als seien sie nie fort gewesen.

»Naja, sie sind eben wie Tiere und wissen nicht, was Liebe ist.« Das stimmt nicht. Es ist vollkommen richtig, dass sie sich gewöhnlich ganz *anders* ausdrücken als wir. Aber es hat einmal einer gesagt: »Es gibt kein Gefühl im Menschenherzen, das nur in diesem Herzen lebt – und das nicht in irgendeiner Form oder Abstufung in jedem Herzen ist.«

Valerie war, wie gesagt, nicht der Gegenstand besonderen Interesses oder Wertschätzens bei den Aucas. Ich konnte auch nicht feststellen, dass sie sich besonders über ihre eigenen Kinder freuten. Einmal sah ich, dass eine Mutter laut weinte, als sie beschrieb, wie ihr Sohn von einer Schlange gebissen wurde, obwohl dieser schon wieder genesen war. Aber die gleiche Mutter fand es sehr lustig, als ihr kleiner Sohn von einem Funkenregen überschüttet wurde, während sie das Feuer entfachte. Er schrie vor Schmerz, nur um zu erleben, dass sein älterer Bruder noch mehr Funken über ihn blies, was das Vergnügen seiner Mutter noch steigerte.

Mankamu weinte wiederholt, wenn sie von dem Tod ihrer kleinen Tochter erzählte. Mintaka berichtete mir, dass sie »weinen mussten«, als sie das tote Kind in den Armen seines Vaters erblickten.

Mintaka war aber auch eine von denen, die mir lachend die Geschichte von Umaenkiris Tod erzählten. Sie hatte den Verstand verloren und war in den Urwald gerannt. Dabei rief sie, die Geister hätten ihr befohlen, ihnen zu folgen. Die anderen liefen hinter ihr her und jagten sie nach Hause, wo sie tot ins Feuer fiel. Beim Fallen brannten ihre Haare auf. Mintaka, ihre Schwägerin und Watu, ihre Nichte, lachten, wenn sie daran dachten.

Einmal fragte ich Gimari und Ipa, die beiden Witwen Naenkiwis, ob sie in Liebe oder Gedenken (in Auca gibt es für beides nur ein Wort) sich Naenkiwis erinnerten. Sie kicherten. Vielleicht waren sie in Verlegenheit und wollten ihre wahren Gefühle nicht preisgeben. Vielleicht aber drückten sie diese deutlich aus. Dann stellten sie mir die gleiche Frage, ob ich in Liebe an meinen Mann zurückdächte. »Ja«, sagte ich, »sehr oft sogar.« Darüber mussten sie lachen und fragten, wieso man sich an einen Toten erinnern sollte.

Eines Abends erzählte Kimu eine lange Geschichte vom Tode eines der Aucamänner. Seine Schilderungen enthielten peinlich genaue Beschreibungen mehrerer Gelegenheiten, bei denen er dem Tode mit knapper Not entkommen war, bis er dann doch von Speeren durchbohrt wurde. Eine davon war ein Schlangenbiss. Als Kimu die Auswirkungen des Bisses, die Schmerzen, das Delirium und die Mühen beschrieb, unter denen er, nur von seiner Frau unterstützt, heimfand, lachte er. »Ach, das war was! Er fiel über Baumwurzeln und stöhnte und jammerte: ›Lass mich sterben. Hier im Urwald will ich sterben. Lass mich am Fuß dieses Baumes liegen.‹ Aber seine Frau zog ihn an der Hand durch die Dunkelheit. Ha-ha! Sie brauchte ziemlich viel Zeit dazu. Wenn sie nicht dagewesen wäre, hätte er ganz allein sterben müssen. Ha-ha! Aber sie brachte ihn nach Haus, gerade als es begann hell zu werden. Er hat's tatsächlich überlebt.«

Geschichten von den immer wiederkehrenden endlosen Morden werden mit größter Lebhaftigkeit wiedergegeben. Der Erzähler weiß, wer wen erstochen hat und in welchen Körperteil. Oft wird Rache auf genau die gleiche Art geübt. Der Mörder erklärt bei jedem Wurf warum er das tut: »*Baah!* Du hast meines Vaters Hand durchstochen. Dafür gibt's das und das. *Baa! Baah!* Du hast seine Brust durchstochen – *baa* – auf der rechten Seite – *baa* – und – *baa* – auf der linken. Dann den Magen, den Kopf und die Beine. *Baah, baah, baah!* Dafür dies und dies und dies!«

So schreibt es das Gesetz vor. Es ist nichts Neues – Auge um Auge. Wenn ich fragte, warum sie die Aucas »unten am Fluss«

umbrächten, antworteten sie stets dasselbe: »Sie bringen uns um.«

Eines Tages zeigte Dabu in nordöstliche Richtung, als wir am Ufer des Curaray saßen. »Da drüben verläuft der Pfad der ›Leute von unten am Fluss‹.«

»Wann wollt ihr sie besuchen?«, fragte ich.

»Sie besuchen? *Die* besuchen? Gikari, du willst sie auch nicht besuchen!«

»Warum nicht?«

»Warum? Das sind *Mörder*, die da unten!«

»Und seid ihr nicht auch Mörder? Ihr bringt doch auch Leute um, oder nicht?«

»Ach, Gikari! Wir bringen sie nur um. Diese aber, wenn sie einen umbringen, schneiden sie ihnen die Beine ab. Sie würden auch dir die Beine abschneiden, wenn sie dich umbringen. Sie würden dir die Augen ausreißen. Sie würden dich in Stücke hacken. Das sind Mörder.«

Und wieder merkte ich, dass der »Wilde« nicht gefühllos ist. Auch er ist über manche Verhaltensweisen entrüstet. Er hat Vorstellungen, was einen »Mord« ausmacht. Die Heilige Schrift sagt uns deutlich, dass ein Mensch, der seinen Bruder *hasst*, ein Mörder ist. Hassende Menschen sind alle Mörder. Der Mensch, der einen anderen umbringt, muss nicht immer einer sein.

Wie ich dieses schreibe, kommentiert eine führende Zeitschrift die Ereignisse der Woche: den Erfolg des amerikanischen Präsidenten bei seinen Bemühungen den Staatshaushalt auszugleichen; das Interesse der freien Welt an der Unterstützung unterprivilegierter Völker; eine Sexorgie, an der elf Studenten einer angesehenen Universität in den Weststaaten teilgenommen haben; die Verhaftung eines Professors, weil ihm der Mord an dem Dekan einer Fachhochschule vorgeworfen wird; die Verurteilung eines Bürgermeisters wegen krimineller Machenschaften und Behinderung der Justiz; die vorsätzliche Zerstörung zweier Flugzeuge. Der Kommentar des Herausgebers: »Es war eine aufregende Woche, eine Woche der Skandale und menschlichen Tragödien, doch auch eine Woche mit einer Botschaft: Trotz höchster Anstrengungen und großer Errungenschaften ist der menschliche Ton noch weit davon entfernt, Porzellan zu sein« (Time, Januar 1960).

Der menschliche Ton ist an bestimmten Orten, in bestimmten Kulturen, bestimmten Zeitaltern dem Porzellan nicht näher als anderswo. Was meinen wir, wenn wir sagen, manche Menschen seien »armseliger« als andere? Was verstehen wir unter »Wilden«?

Der Mensch hat eins verzweifelt nötig. Und das ist Gott. Das bedeutet, er muss von sich selbst erlöst werden. Christus kam in die Welt, um diese Erlösung anzubieten. Ein Mensch ist durch seine eigenen Anstrengungen und durch keinerlei Fortschritt irgendwie in der Lage, sich weniger bedürftig zu machen als die anderen es sind. Ich begreife jetzt, dass ich die Aucas für besonders bedürftig hielt, weil ich unbewusst die Stufe ihrer Kultur mit der Stufe ihrer Moralvorstellungen gleichsetzte. Nun aber halte ich ihre »rohe« Unkultiviertheit nicht für schrecklicher als die mir vertraute Variante. Ich muss an die Worte Jesu denken: »Dies aber ist das Gericht, dass das Licht in die Welt gekommen ist und die Menschen haben die Finsternis mehr geliebt als das Licht, denn ihre Werke waren böse.«

Dies Gericht ist ganz unparteiisch. Es nimmt keine Rücksicht auf festgeschriebene soziale Standards. Der Auca kennen keine solchen Standards. Er kennt aber auch keine Trunkenheit und niemand schlägt seine Frau. Er tötet seinen Nächsten, aber er streitet nicht mit ihm. Er mag sich nicht an Gemeinschaftsprojekten beteiligen; aber er teilt seinen einzigen kleinen Affen mit der Witwe von nebenan. Er mag Vielweiberei betreiben; aber er versorgt treulich alle Frauen, die er hat. Er grüßt seine Freunde nicht und sagt ihnen nicht »Lebewohl«, aber er unterhält und beköstigt ohne Aufhebens jeden Gast, der hereinkommt, selbst wenn es ein Quichua ist, den er nie gesehen hat. Er trägt keine Kleidung; aber er hat einen strengen Sittenkodex und ist völlig frei von der in westlichen Ländern herrschenden Überbetonung des Körperlichen mit all dem Absurden, was damit verbunden ist. Kurz gesagt, ich sah mich der Tatsache gegenüber, dass ich in gesellschaftlicher Hinsicht den Aucas gar nichts zu bieten hatte. Jeder Vergleich zwischen mir und ihnen in dieser Beziehung fiel zu meinen Ungunsten aus. Warum war ich dort?

Es gab außer der einfachsten keine Antwort darauf: Jesus Christus. Ihm zu gehorchen, Ihn darzustellen.

Kapitel 10

Die ohrenlose Fremde

In jeder Phase meines Lebens bei den Auca-Indianern war ich mir schmerzlich meiner Unwissenheit bewusst. Man hat mich gefragt, ob ich die Intelligenz der Aucas für unterdurchschnittlich halte. Meine Antwort ist: Nein. Stellte man einem Auca in Bezug auf mich die gleiche Frage, bin ich sicher, dass er mit »Ja« antworten würde. Ich verstand nichts von den Handfertigkeiten der Aucas, nichts von ihrer Nahrung, (was essbar ist, wie sie gewonnen, gepflanzt und zubereitet wird), von ihren Sitten und Legenden, von der Flora und Fauna ihres Urwaldes, von ihrer Geschichte und den langen, detaillierten Mordgeschichten, die sie so gut kannten. Ich merkte auch, dass ich einen Dschungelpfad nicht ohne Hilfe finden konnte. Vielleicht ginge es einem Auca in den Straßen von New York ebenso, doch würde er nicht die Orientierung verlieren. Mir allerdings schienen alle Pfade durch den Dschungel hoffnungslos gleich auszusehen, wenn ich sie überhaupt erkannte. Manchmal schienen sie völlig verschwunden zu sein, dann rannte ich auf etwas dahin, was ich für einen Pfad hielt, nur um zurückgerufen zu werden: »Wo um alles in der Welt willst *du* denn hin?« Es war den Indianern unbegreiflich, wie eine weiße Frau so unbedacht sein konnte.

Aber nirgends empfand ich den Graben zwischen uns so deutlich wie bei der Unkenntnis ihrer Sprache. Dies ist ein Gebiet, auf dem ein Mensch, bis auf seltene Ausnahmen, lebenslang ein Fremder bleibt.

Selbst in Amerika, wo der Erziehung zugebilligt wird, ein gewisses Maß an Verständnis für andere Völker hervorgebracht zu haben, fällt es jedem von uns schwer, einen gebrochen Englisch Sprechenden nicht für ein wenig ungebildet zu halten. Zu behaupten, mein Auca sei ein »gebrochenes« gewesen ist eine maßlose Übertreibung. Was müssen sie von den zwei fremden Frauen gehalten haben, die unverständlich miteinander quasselten?

Sprach man mich an, so konnte ich nur mit einsilbigen Antworten dienen, manchmal so fern der richtigen Aussprache, dass ich unverständlich blieb. Es war leicht zu denken: »Naja, ich hab den Nasallaut nicht gesprochen. Sie sollten in der Lage sein, das zu berücksichtigen.« Stellen Sie sich vor, ein Ausländer, der deutsch lernt, sagte: »Ich wohne in einem Kartenhaus« (statt Gartenhaus) und würde sich damit entschuldigen, er habe »bloß« den Anfangs-Konsonanten nicht weich ausgesprochen. Der Unterschied zwischen k und g im Deutschen ist nicht größer als zwischen einem gewöhnlichen *a* und einem nasalen *a* für ein Auca-Ohr.

Eine der größten Schwierigkeiten für uns war die Annahme der Aucas, wie Mankamu, dass wir sie vollkommen verstehen könnten. Die Tatsache, dass wie hier und da ein Wort verstanden und hin und wieder einen ganzen Satz fertig brachten, der ihnen verständlich war, verstärkte nur die Ansicht, wir wüssten in Wirklichkeit, was sie sagten. Wenn es ihnen manchmal unmissverständlich klar war, dass wir sie nicht verstanden, wandten sie sich unwillig ab und nannten uns »Ohrlose« oder sie brauchten ein Wort, dass die Bedeutung hatte »ihre Ohren haben keine Löcher«. Eine Zeit lang meinten sie, meine Probleme kämen daher, dass mein Haar über den Ohren hing. »Warum schneidest du es dir nicht vor den Ohren ab, damit du hören kannst?« Das war mir ein zu hoher Preis; aber ich stellte sie zufrieden, indem ich die Haare etwa eine Woche lang hinter die Ohren schob, um zu zeigen, dass das auch nichts nützte.

Einige Männer schienen sich besonders zu mühen, mir Verständnis beizubringen. Ich war überaus dankbar dafür. Gikita konnte den Namen einer Pflanze oder eines Tieres dutzende Male für mich wiederholen. Selbst wenn ich sicher war, das Wort richtig wiedergegeben zu haben, hörte er nicht auf, es mir unter Gelächter zuzurufen und zu fragen, ob ich es aufgeschrieben habe. »Jetzt behältst du es!«, pflegte er zu sagen. Dabu beendete seine Unterhaltung gewöhnlich mit: »Hörst du? Verstehst du?« (in Auca dasselbe Wort). Die Ehrlichkeit gebot mir häufig zu verneinen. Das entmutigte ihn und er gab meistens auf, obwohl ich ihn so gern zum Weiterreden gebracht hätte, um dahinter zu kommen, was er meinte. Danach versuchte ich eifrig zu nicken und das Verb, das er in seiner Frage benutzte, zu wiederholen: »Ich höre!«

Das war der einzige Weg, die Unterhaltung in Gang zu halten und es war gewiss der einzige Weg, die Sprache zu erlernen. Es gibt keinen Ersatz für das Hören, Stunde um Stunde, tagein, tagaus. Manches wird dann schließlich wenigstens unbewusst aufgenommen, wenn schon nicht durch die Anstrengungen des Intellekts.

Rachel und ich verbrachten fast unsere gesamte Zeit mit Sprachstudien. Aber das konnte ebenso gut alles bedeuten, was wir mit den Aucas zusammen taten, wie die eigentliche Arbeit mit Zetteln und Informantenbefragungen. Mit ihnen zu fischen und zu schwimmen, mit ihnen im Urwald Früchte zu sammeln oder ihren *Chicha* am Feuer zu trinken, alles war Sprachstudium. Niemals waren wir ohne unser kleines Notizbuch und Schreibzeug, um zu lauschen, zu vermerken, um neue Vor- und Nachsilben zu erhaschen, neue Bedeutungen schon bekannter Wörter, neue Innovationen und natürlich neue Begriffe.

Intonation ist eines der wichtigsten Elemente einer Sprache. Wir wissen, dass ein Satz eine Reihe unterschiedlicher Bedeutungen haben und unterschiedliche Gefühle ausdrücken kann, je nachdem wir ihn intonieren. Die einfache Frage: »Wo bist du gewesen?« wird zu einer Anklage, wenn wir das erste Wort besonders betonen. Für eine fremde Sprache ist die Beachtung der Intonationsregeln genauso wichtig wie die richtige Aussprache der Vokale. Ich bin oft missverstanden worden, wenn ich in einer fremden Sprache redete und habe beobachtet, dass andere missverstanden wurden, nur weil sie Intonationsfehler machten. Ich habe sogar erlebt, wie sich ein Ecuadorianer ärgerlich abwandte, weil er dachte, ein Amerikaner spräche Englisch mit ihm; dieser Amerikaner hatte aber bei rein englischer Intonation spanische Wörter benutzt.

Die Aucasprache hat wie jede andere ihre besondere Intonation. Da gab es eine Angewohnheit, deren Bedeutung mich immer wieder verwirrte. Manche Worte – das konnte jedes mögliche Wort in einer bestimmten Situation sein – wurden »gebrüllt« und nicht gesprochen, indem man die Luft sehr heftig aus den Lungen drückte. Andere wurden beim Einatmen der Luft ausgesprochen. Auch das hing mehr von dem Zusammenhang oder dem Nachdruck ab, den man den betreffenden Worten in einer

Situation gab, als dass es ein integraler Bestandteil der Aussprache dieses Wortes war. Oft wurden die Wörter so weit verstümmelt, dass sie für uns unerkennbar waren. Wir neigen dazu, uns über solche Besonderheiten zu ärgern, wenn wir ihnen in einer Sprache begegnen, die wir lernen wollen; aber wir sollten dadurch Mitleid bekommen mit solchen, die deutsch lernen möchten und uns sagen hören: »Hamwanich«, »Tschulliung!« So etwa sind auch die Zusammenziehungen bei den Aucas und wenn es dabei keine Schriftsprache gibt, mit der wir unsere Aufzeichnungen vergleichen können, wachsen die Schwierigkeiten ins Unermessliche.

Oftmals wurden die Verbenstämme ohne die Suffixe benutzt, die anzeigen, wer etwas tut. Es gibt auch Laute, bei denen wir nicht erkennen konnten, ob es Vokale oder Konsonanten sind. Andere wieder wurden von unterschiedlichen Personen unterschiedlich ausgesprochen. Wir schrieben in der standardisierten fonetischen Umschrift; aber konnten nicht herausfinden, welche Elemente für diese Sprache kennzeichnend sind. Mit anderen Worten: Es gibt noch kein »Auca-Alphabet«. Auca kann, wie jede menschliche Lautäußerung, mit fonetischen Symbolen geschrieben werden. Aber das ist etwas ganz anderes, als die Kenntnis der für diese Sprache *unerlässlichen* Symbole.

Eine der größten Hilfen bei der Datensammlung war mein kleines Tonbandgerät; es wog knapp drei Kilo und lief mit vier Taschenlampen-Batterien. Mit ihm konnte man leicht Unterhaltungen, Monologe und Gesänge aufnehmen. Etwas ganz anderes war es, das Aufgenommene zu Papier zu bringen. Mit Dayumas Hilfe, die durch ihr langes Zusammensein mit Rachel eine ausgezeichnete Informantin war, konnte ich das Material einer viertelstündigen Aufnahme in fünf Stunden aufschreiben. Das schloss die Übersetzung noch nicht ein. Für die Übersetzung brauchten wir, auch wenn wir den Hilfsweg über die Quichua-Sprache nahmen, mindestens weitere zwei Stunden und dann noch eine Reihe von Stunden, um das so gewonnene Material einzuordnen. Ein wesentliches Merkmal der Aucasprache ist der Gebrauch von Suffixen. Das bedeutet, man kann jedes Wort unter fünf oder sechs verschiedenen Rubriken einordnen, je nachdem wie viele Suffixe es neben dem Stamm hat. Durch diese Einordnung, so mühselig sie auch war, gelangen uns einige Analysen und Klassifikationen. Rachel und ich teilten uns das Material, das sie mir schon ein Jahr zuvor gegeben hatte, um darauf aufzubauen.

Valerie war eine weitere Hilfe zum Sprachelernen. Es kostete sie beinahe keine Zeit, um alle Redewendungen zu erlernen, die sie für den Umgang mit den Kindern brauchte. Schon bald machte sie die Gesten des Verärgertseins nach, die überall im Schwange waren und von denen auch uns gegenüber sehr ungezwungen Gebrauch gemacht wurde. Valerie wandte sie auf mich an. Eine Indianerin spann gerade auf einer sehr primitiven Spindel Baumwolle. »Hier«, sagte sie und reichte sie mir, »jetzt versuchst du es.« Ungeschickt begann ich. In dem Augenblick kam Val herein und rief den Auca-Ausdruck, der so viel wie: »Wie kann man nur so dumm sein!« bedeutet.

Wiederholt kam sie zu mir und sagte: »Mama, warum sagst du so und so« (dabei verwandte sie meine Aussprache eines Aucawortes)? »Was sagen denn die Aucas?«, fragte ich sie. Worauf ich die richtige Form erhielt. Sie nahm es mit der Aussprache der Nasale sehr genau und falls ich ihn unachtsamerweise bei der Nennung eines Aucanamens ausließ, wenn ich englisch mit ihr sprach, wiederholte sie den Fehler laut und feixend, genauso wie es die Aucas taten, die abschließend so etwas sagten wie: »Hört euch das an!« Es ging nicht darum, dass sie auf Englisch respektlos gegen mich gewesen wäre. Es kam einfach daher, dass sie nicht nur Auca sprach, sondern auch in Auca dachte. So begleitete sie ihre Reden auch mit Auca-Gesten, wenn es angebracht war.

Manchmal wurde ich gefragt, ob Auca eine »reiche« Sprache sei. Hier wie bei der Frage nach dem Intelligenzquotienten der Aucas ist die Antwort relativ zu betrachten. Es heißt, dass es so etwas wie eine »inadäquate« Sprache nicht gäbe – das heißt, die Sprache ist stets vollkommen der eigenen Kultur angepasst. Die Aucasprache ist reich an Lautmalerei (viele Wörter entsprechen den Klängen, die ihr Äquivalent erzeugt). Ich habe gemerkt, dass es unmöglich ist, die Beschreibung einer Jagd durch einen Indianer richtig zu übersetzen. Sein Bericht ist völlig durchsetzt mit Nachahmungen, die tatsächlich Wörter sind und das Springen der Affen von Zweig zu Zweig beschreiben, dann das Geschnatter der Affen und den Ton, den der Pfeil erzeugt, der ihn trifft und wie er danach vom Baum fällt und wie die Machete klingt, die ihm den Garaus macht. Es gibt auch viele Worte, die keine richtige Lautmalerei sind, sondern Vorstellungen beschreiben, die mit offenkundigen Handlungen verknüpft sind.

Aber bei dem Versuch, Abstrakta auszudrücken, zeigt sich, dass die Aucasprache tatsächlich unzureichend ist. So viel ich weiß, gibt es keine Ausdrücke für »können« und »wissen«. Oft kamen die Aucas herüber, wenn ich über das Kurzwellengerät mit Shell Mera sprach. Stets fragten sie: »Was haben sie gesagt?« In den meisten Fällen, wenn der Sender mehr als »o.k.« sagte, konnte ich es nicht in Auca übersetzen. Ich wusste nicht, wie ich »Das kann ich nicht übersetzen« oder auch nur »Das weiß ich nicht« sagen sollte. Ich konnte sie nur stumm anschauen und dabei riskieren, den Verdacht zu erwecken, ihnen eine Information vorenthalten zu wollen. Oder, wenn sie fragten: »Kommt das Flugzeug heute?« konnte ich nicht sagen: »Ich weiß nicht.« Ich konnte sagen: »Ich sehe nicht«, denn das war klar, weil sie es auch nicht sahen, oder: »Ich höre nicht«, was weniger Sinn machte, weil selbst sie die Stimme aus dem Radio *hören* konnten. Sie konnten es nicht verstehen; aber das Wort ist dasselbe. Einmal hörte ich Dayuma sagen: »Kommt es, kommt es, kommt es nicht, kommt es nicht« – das war offensichtlich ihre Weise zu sagen, sie wüsste nicht, ob das Flugzeug kommt; aber es macht deutlich, wie selten wörtliche Übertragung sinnvoll ist, und dass die Denkmuster völlig verschieden sind.

Wenn sich nun die Verständigung auf materiellem Gebiet als so schwierig erweist, wie soll man irgendetwas Geistliches übermitteln? Welche Verbindung kann es zwischen so ungeheuer unterschiedlichen Kulturen geben? Was hat eine der anderen zu sagen? Wie kann sie dies tun?

Wir wissen natürlich, dass die richtige Wiedergabe nicht befriedigende Ergebnisse der Botschaft garantiert. Jesus Christus selbst, der »der Ausdruck Gottes« war, »kam in das *Seine*, und die Seinen nahmen ihn nicht an«. Zu Nikodemus, der Ihn nach der Wiedergeburt gefragt hatte, sagte Er: »Wenn ich euch das Irdische gesagt habe und ihr glaubt nicht, wie werdet ihr glauben, wenn ich euch das Himmlische sage?«

Doch war Er treu in Seiner Botschaft. Er drückte angemessen und vollkommen die Person des Vaters aus und allen, die Sein Zeugnis annahmen, wurde Macht gegeben, Söhne Gottes zu werden. Gott goss Sein eigenes Wort in die Sprache der Menschen. Uns ist Gottes Wort übergeben. Wir haben es geglaubt; nun haben wir die Pflicht, darauf zu achten, es treu weiterzugeben, durch unser Verhalten und durch unsere Worte.

Dayuma beherrschte natürlich die Aucasprache perfekt. Sie hat auch von Rachel eine Menge gelernt, was sie den Leuten weitersagen kann und das tut sie auch getreulich. Sie wollte, dass ihre Leute am Sonntagmorgen eine »Versammlung« abhielten. Zunächst musste sie den Sieben-Tage-Zyklus erklären, den wir eine Woche nennen und sie informieren, wenn der erste Tag herankam. Schon bei Morgengrauen pflegte sie zu rufen: »Alle herkommen. Ich werde euch von Gott erzählen!« Manchmal waren die Männer schon zur täglichen Jagd aufgebrochen oder die Frauen standen auf ihren Maniokfeldern; aber wer noch da war, ließ sich gewöhnlich auf diesen neuen Gedanken ein. Sie kamen von dem von Dayuma bestimmten Haus, setzen sich willig dahin, wohin sie Dayuma schickte und hörten bemerkenswert aufmerksam zu, wenigstens die ersten paar Minuten. Dayuma hatte ein wunderbares Detail-Gedächtnis und gewöhnlich nahm sie eine biblische Geschichte aus dem Alten Testament oder aus dem Leben Christi, die Rachel sie gelehrt hatte. Die erzählte sie dann den Indianern mit den passenden »Soundeffekten«, Gesten und Anmerkungen, wo sie nötig waren. Ihre Ansprache war durchsetzt mit Ermahnungen, den Mund zu halten – ein Auca spricht stets, wenn er etwas zu sagen hat und ist nicht gewöhnt, auf seinem Platz sitzen zu bleiben und einer Person eine volle halbe Stunde zuzuhören, ohne seine eigenen Kommentare dazuzugeben, wenn er es für nötig erachtet.

Wenn es Zeit zum Gebet wurde, gehorchten alle, die bis dahin aufmerksam waren, Dayumas Anweisungen, ihre Augen zu schließen: »Nun wollen wir alle schlafen. Alle schlafen!« Gehorsam schlossen sie die Augen, prüften nur dann und wann, ob die anderen es auch taten. Als sie sahen, dass Dayuma ihre Hand vor das Gesicht hielt, machten sie auch das nach. Alle waren während des langen, langen Gebets ganz still, in dem alle Freunde Dayumas von den Vereinigten Staaten bis zum Tiweanu an die Reihe kamen. Außerdem ernste Bitten für ihr eigenes Volk, dass es doch an Gott denken, ein neues Leben beginnen und die Feinde lieben lernen möge.

Selbst im Gebet, der einfachsten Form des Gesprächs, ist es schwer, in der Aucasprache den Gedanken des Bittens auszudrücken. Es gibt keinen Unterschied in der Verbform beim Bitten und Befehlen (also keinen Unterschied zwischen »willst du?« und »du wirst!«). Die Bitte »möchten wir« ist dasselbe Futur wie »wir werden«. Dadurch gerät ein Gebet oftmals eher zu einer Aufzählung all des Guten, das wir tun werden, als zu einer Bitte, Gott möge uns helfen, so zu handeln. Der Auca mag zu Gott sagen: »Du tust Gutes und wir werden dasselbe tun«, wobei gesagt ist, dass ihr Handeln von dem Gottes abhängt und solange die Aucas das so verstehen, haben sie eine gewisse Grundlage für den Glauben. Aber oft habe ich mich gefragt, ob sie nur prahlten oder tatsächlich beteten.

Manchmal bat Dayuma sie, das im Gebet Gesagte zu wiederholen. Manche taten ihr gern den Gefallen. Das hätte man als Zeichen der Wiedergeburt betrachten können; doch musste ich darauf achten, nicht für ein »geistliches Erwachen« zu halten, was nur der freundlich gemeinte Wunsch war, ihr zu gefallen. Andererseits durfte ich den Hunger nicht übersehen, der in jedem Menschen ist, ob er ihn wahrnimmt oder nicht. Gott kennt die Herzen und Er weiß, in welchem Menschen Liebe zu Dem ist, Den er erkannt hat. Es ist nicht annähernd so wichtig, dass ein Mensch das formale Beten lernt, als dass er betet, weil ihm bewusst ist, wie nötig er das Gebet hat. Solange er nicht wie ein Kind den Vater um die Dinge bittet, die er braucht, ist sein Gebet

Folgende Seiten: »Morgen ist der Tag, an dem ich über Gott sprechen werde«, sagte Dayuma den Aucas an einem Sonnabend. Diese wissen nichts von Wochen, noch kennen sie Namen für die Tage. Am Sonntagmorgen kamen sie zusammen. Dann erzählte ihnen Dayuma einfache Geschichten aus der Bibel mit Illustrationen aus ihrem persönlichen Leben und dem der Aucas, die sie häufig mit der Ermahnung unterbrach, die Hörer sollten »den Mund halten«, weil es für diese etwas ganz Neues war, dass man still zu sein hatte, während ein anderer redete.

Heuchelei. Der Auca hat, so viel ich weiß, keinerlei Religion. Er kennt weder Gebete, noch Opfer, noch Gottesdienst; er stimmt weder die bösen Geister gnädig (obwohl er an deren Existenz glaubt), noch verehrt er die guten. Ihm sind geistliche Fragen nicht bewusst.

Doch selbstverständlich beweist der Mangel an dem Bewusstsein, Bedürfnisse zu haben, durchaus nicht, dass keine bestünden. Wir haben die Verantwortung, Christus denen anzubieten, die von der Sinnlosigkeit des Lebens umgetrieben werden, aber auch denen, die völlig mit sich zufrieden sind. Sobald ein Mensch aufrichtigen Herzens über Ihn nachdenkt, empfindet er seinen Mangel.

Dayuma erzählt ihnen, was sie weiß. Sie sitzen, wie sie es zu Hause zu tun pflegen, keiner weiß irgendetwas von ehrfürchtiger Haltung. Dawa untersucht ihre Rippen auf Krätzemilben, Mankamu zieht ihrem Sohn einen Milchzahn, Uba beschaut sich den Fußpilz ihrer Tochter und zeigt ihn ihrer Nachbarin. Gikita und Kumi beobachten die Vögel und kommentieren deren Flug. Eine Reihe kleiner nackter Jungen, bekleidet mit ihrem Sonntags-Kirchgeh-Band, sitzen auf einem Baumstamm direkt vor Dayuma. Ihnen gefällt die Geschichte, in der Jesus den Sturm zum Schweigen bringt. Einige der alten Frauen halten es für eine Überforderung, sich zu konzentrieren. Sie haben ihre eigenen Geschichten – Geschichten ihres Volkes, Geschichten von ihren Ehemännern, ihren Vätern, wie die umgebracht wurden, wie sie gelebt hatten. Warum sollte man da auf die Geschichten eines Mannes hören, der so weit entfernt gelebt hat und die so lange her sind? Das war ein Fremder. Was hatte der mit ihnen zu tun? Und sicherlich brauchten sie ihm nicht zu gehorchen, selbst wenn er ihnen etwas Neues zu sagen hätte. Wenn Dayuma erzählt, er habe gesagt, man dürfe nicht töten – naja, vielleicht ist das Töten bei ihm nicht üblich gewesen.

Die Aucas glauben auch, dass Töten falsch ist – *außer* unter bestimmten Bedingungen. Ihnen schlägt das Gewissen beim Töten. Einige der Männer, die die fünf Missionare ermordeten, sagen jetzt, sie hätten das nicht gut gemacht. Aber es war nur ein Fehler. Der Auca will sich seine eigene Lebensweise, seine persönliche Freiheit, erhalten. Er glaubte, die Fremden stellten eine

Bedrohung dieser Freiheit dar. Er hatte alles Recht sie zu töten – erfüllte er doch nur die hohe Pflicht der Verteidigung seiner Freiheit. In Amerika entschuldigen wir nicht nur Männer, die unser Land verteidigen – wir schmücken sie sogar mit Orden. Und je mehr dabei umgebracht werden, umso besser gefallen uns die militärischen Maßnahmen. So ist es klar, dass wenn es um die Unmenschlichkeit der Menschen untereinander geht, die amerikanische Zivilisation den Amazonas-Indianern kaum etwas voraus hat. In beiden Fällen wird getötet, da spielt es keine Rolle, ob mit hölzernen Speeren oder mit ballistischen Raketen.

Die Botschaft, die wir mitzuteilen hatten, zielte genau auf das Herz der Dinge. Sie konnte sich nicht mit Nebensächlichkeiten zufrieden geben. Doch die Sprache, durch die wir uns mitzuteilen hatten, schien auf Äußerlichkeiten beschränkt zu sein. Es ist wahr, die Aucas hatten ein Wort für Gott. Sie dachten Ihn sich als den Schöpfer der Menschen, doch war sein Name auch der einer Fischart. Dayuma empfand nichts Abschätziges, wenn sie dies Wort für Gott gebrauchte. Das Wort für »Sohn« ist dasselbe wie für »Kind«, einerlei welchen Alters oder Geschlechts. So benutzten wir als Bezeichnung für Gottes Sohn genau dieselben Wörter wie für die Brut eines Fisches. Welche Chance bestand, dass die Indianer irgendetwas verstanden, was Er gesagt hatte?

Wir wissen, dass es nicht die Worte sind, die Leben geben; aber Gott selbst hat sich beschränkt auf die Verwendung der menschlichen Sprache. Und wir werden angeleitet, darauf zu vertrauen, dass durch einfache Worte – einerlei, was das Studium und die Übersetzung dieser Worte an Anstrengung kosten mag – dass durch diese Worte der Heilige Geist den Menschen die Person Jesu Christi zeigen wird. *Er* ist das lebendige Wort. In dem Glauben, dass Er der Sohn Gottes ist, werden auch die Aucas das Leben finden. »Der Buchstabe tötet. Der Geist macht lebendig.«

Kapitel 11

Weder Fremder noch Wilder

Es gab einige sehr lange Tage im Dschungel, wenn die Aucas alle zum Fischen oder Pflanzen ausgegangen waren und uns allein ließen. Es gab friedvolle Nächte, wenn alle früh eingeschlafen waren und ich in meiner Hängematte bei den mattglühenden Holzkohlen lag und bei Kerzenschein las. Manchmal war es die Bibel. Manchmal war es eine amerikanische Zeitschrift, die mir vom Flugzeug abgeworfen worden war. Plötzlich löschte eine Abendbrise oder ein Nachtfalter die Kerze und ich wurde von den Bildern aus jener Welt – der Welt der Bücher, der Geschäfte, der Bildung – zurückgeworfen in diese, mit der vom Mondlicht erhellten Lichtung, den ruhig schlafenden Leuten mit ihren Füßen über dem Feuer und dem kleinen Mädchen, das Teil beider Welten war und sich auf dem Bambusbett neben mir in sein Deckchen gerollt hatte.

»In einem aller Illusionen und Lichter entkleideten Universum, fühlt sich der Mensch als Fremder, als gehöre er nicht dazu«, hat Camus gesagt. Wenn die Kerze erlosch und die Bilder nicht mehr zu sehen waren, wenn der schrille Missklang des nächtlichen Dschungels wieder in mein Bewusstsein drang und ich die Füße der anderen im Feuerschein leuchten sah, dann suchte ich nach einer Möglichkeit, sie in Einklang zu bringen, nach einer Klärung. Auf welcher Ebene würden diese Welten vereinbar werden? Ich bat Gott um eine Antwort und versuchte zu erfahren, was Er mir durch diese Isolation zeigen wollte: Isolation von meiner Welt durch die räumliche Distanz, Isolation von der Welt der Aucas durch den Mangel an Verständigungsmöglichkeit.

Sie wurden »Wilde« genannt. Ihr Zuhause nennt man in den Reiseführern »die grüne Hölle«. Ich war Missionarin. Ich hatte mich ihnen mitzuteilen.

Die »grüne Hölle« erwies sich zeitweise als Paradies, obwohl ich nie Gefallen an dem Schimmel, dem Mehltau und dem

Schlamm des Dschungels gefunden habe. Aber ich liebte die riesigen Urwaldbäume, die leckeren Pilze, das endlose Wechselspiel zwischen Bromelien und Moosarten, Farnen und Blumen, die klar dahinfließenden Bäche, die wie Edelsteine funkelnden Schmetterlinge. Ich mochte nicht in einem Haus ohne Wände wohnen; fand es aber schön, keine Hausarbeit zu haben. Ich vermisste die Anregungen durch die Unterhaltung in meiner Sprache; aber ich war fasziniert durch die Geheimnisse der neuen. Ich hätte manchmal gern ein schönes Kleid und Pumps angezogen; aber ich war dankbar, dass ich nur wenig Arbeit mit dem Rock und der Bluse der Quichuas hatte und barfuß laufen konnte. Valerie hatte einige Spielkameraden, die sich ihrem Willen nicht immer fügen wollten; aber mir entgingen nicht die unschätzbaren Erfahrungen, die sie machte – Einfachheit in reinster Form. Für jede Unannehmlichkeit, die mir bewusst wurde, gab es einen Ausgleich, wenn ich mir nur die Zeit nahm, danach zu suchen und die Gnade erlangte, dankbar zu sein.

Ich beobachtete die Leute, die ich »Wilde« genannt hatte. In ihrer irgendwie Dauer, Unveränderlichkeit und Würde ausdrückenden Nacktheit, in ihrem Reden miteinander in der leisen Art der Indianer, in ihrem kindlichen Gelächter über kleine Dinge, in ihrem Interesse an den unbedeutendsten Dingen ihres Alltags, erschienen sie mir als ein angenehmer Kontrast zu der ausgeklügelten Kleidung, dem lauten Reden (die Quichuas sagen nicht, wir sprächen englisch, sondern wie schrien es), dem hintergründigen Humor und dem Weltverständnis unserer Zivilisation. Es gab andere Zeiten, wenn ihre Grobheit, ihre beschränkten Interessen, ihre unverständliche Sprache, ihr ständiges Hantieren mit meinen Besitztümern und Einmischen in meine Angelegenheiten, ihre Erbarmungslosigkeit und ihre äußerste Seelenarmut mich tief bedrückten.

Was heißt es eigentlich, Missionar zu sein? Alles, was ich in den sechs Jahren meines Missionsdienstes an Definitionen gefunden hatte, musste ich neu und ganz von vorn überdenken. Wenn wir uns Nachfolger Jesu nennen, müssen wir selbstverständlich Seinem Weg folgen. »Der Sohn des Menschen ist nicht gekommen, um bedient zu werden, sondern um zu dienen.« Dem müssen wir klar ins Auge blicken. Wir sind nicht als Wohltäter hergekommen, sondern als *Diener*. Jesus braucht oft das Wort »Sklaven«. Unser Verständnis von dieser Wahrheit wird unser Verhalten diesen Menschen gegenüber auf dramatische Weise verändern, wodurch auch ihr Verhalten zu uns zwangsläufig beeinflusst wird. Ein Wohltäter zu sein, bedeutet, über dem anderen zu stehen. Ganz abgesehen davon, ob das moralisch falsch oder richtig ist, wurde mir klar, welch ein schwerwiegender Fehler darin lag. Den Aucas war ich in keiner Beziehung überlegen. Um ein Diener zu sein, muss man niedriger werden und bevor wir nicht bereit sind, diese Stellung einzunehmen, sind wir keine Nachfolger Jesu Christi. Der Diener ist nicht größer als sein Herr. Und falls wir meinen, an unserem Tun sei irgendetwas Verdienstvolles, werden wir daran erinnert, immer nur »unnütze Knechte« zu sein. Wir stehen in der Schuld gegenüber Christus und gegenüber den Menschen, täglich unser »Leben darzulegen«, seien sie nun wilde oder zivilisierte.

Als ich zu den Aucas ging, um bei ihnen zu wohnen, hatte ich das nur sehr vage verstanden. Zuvor hatte ich unter Indianern gearbeitet, die den »weißen Mann« und seine Angewohnheiten kennen und sich wenigstens teilweise seiner »Überlegenheit« gebeugt hatten. Den Aucas ging das völlig ab. Sie hatten überhaupt keine Veranlassung, uns für etwas Besseres zu halten. Eher hatten sie manchen massiven Grund entdeckt, uns für niedriger als sich selbst zu halten. Allem Anschein nach respektierten sie uns aber von Anfang an als ihresgleichen. Das war, wie ich dachte, auch mein Wunsch gewesen. Eines Tages geschah etwas, was mir die Augen darüber öffnete, wie falsch ich mich selbst einschätzte.

Ich saß in meinem Blätterhaus, dicht bei mir stand ein Tontopf. Zwei alte Frauen saßen ein paar Meter von mir entfernt in ihrer Hütte. »Gikari!«, rief die eine in dem dringlichen Halbgeflüster, das ihre Art zu rufen ist. »Bring den Topf her.« Es war mein Topf; aber ich brachte ihn. »Na, bring ihn nicht *leer*. Geh und hole Wasser damit.«

Ich musste zum Fluss an einem Baumstamm hinuntersteigen, der an die steile Böschung gelehnt war, den Topf füllen und ihn (ohne Griffe und schwer wie er war) den glitschigen Stamm hinauftragen. Die alte Frau nahm ihn wortlos entgegen.

Ich dachte darüber nach, was ich bis dahin gemeint hatte, wenn ich darüber sprach, gern »akzeptiert« zu werden. Ich hatte gemeint, dass ich alle Vorteile, ein Mitglied ihrer Gesellschaft zu sein, gern haben wollte, ohne deren Verpflichtungen zu übernehmen. Genauso wollte ich alle Vorteile eines Fremden genießen, ohne die damit verbundene Geringschätzung zu tragen. Immerhin hatte ich schließlich dies begriffen: Warum sollte Dyiku mir nicht befehlen, Wasser zu schöpfen? Sie war die Ältere. In der Auca-Gesellschaft hatte sie das Recht, die Jüngere zu schicken.

Dies war mir eine Hilfe, die Stellung des Missionars ein wenig besser zu begreifen. Mein Grund, weshalb ich Missionarin war, ist einer der wenigen, an denen ich nie gezweifelt habe. Eins wusste ich – ich musste Gott gehorchen und ich meinte, dies habe Er mir zugeteilt, genauso wie Er andere zu Fischern, Finanzbeamten, Handwerkern oder Hausfrauen bestimmte. Was man macht, spielt keine Rolle. Entscheidend ist das Ziel.

Aber da war noch die Botschaft, die ich zu vermitteln hatte. In gewisser Weise war alles, was wir taten, ein Versuch, an die Leute heranzukommen. Dazu aßen wir, was sie aßen, wohnten in den gleichen Häusern wie sie, schwammen und fischten mit ihnen, brachten ihnen bei, einen Luftballon aufzublasen oder auf den Fingern zu pfeifen. Wir lernten das Spinnen von Baumwollgarn oder woben Hängematten wie sie und hörten stundenlang ihren Geschichten zu, die wir aufzuschreiben versuchten. All das war Kommunikation, war der Versuch, so weit wie möglich, den breiten Graben zu überwinden, der uns trennte. Oftmals erschien das wie eine naive Hoffnung. Oftmals zweifelte ich daran, sie jemals richtig kennen zu lernen, die Geheimnisse ihrer Herzen zu ergründen. Dann wurde mir bewusst, dass ich mein eigenes Herz nicht kannte. Hierin waren wir eins.

Die Aucas sind Menschen, Menschen, die nach dem Bilde Gottes erschaffen sind. MacDonald hat gesagt: »Es macht nichts aus, wie entstellt Sein Ebenbild in mir ist; das, was da entstellt ist, ist Sein Bild – und immer noch ein Bild, das Sein Wort aufnehmen kann.« Wir haben einen gemeinsamen Ursprung, gemeinsame Bedürfnisse, gemeinsame Hoffnungen und ein gemeinsames Ende. Carl Sandburg bemerkt, dass »wir alle gleich sind, in allen Ländern und Völkern, indem wir zu lesen versuchen, was Himmel, Land und Meere uns zu sagen haben ... Überall das gleiche Bedürfnis nach Liebe, Nahrung, Kleidung, Tätigkeit, Sprache, Schlaf, Freude. – Die Bedürfnisse sind sich so gleich, so unerbittlich gleich!« Wie mir so strahlend deutlich wurde, dass die Aucas meine Verwandten sind, wurde mir im gleichen Augenblick eine neue Erkenntnis Jesu Christi, unserer gemeinsamen Rettung, geschenkt.

Nachwort

Dieses Buch wurde geschrieben, nachdem ich erst ein Jahr bei den Aucas verbracht hatte. Ich hatte schon acht Jahre als Missionarin gearbeitet (zunächst bei den Colorado-Indianern, dann bei den Quichuas, danach bei den Aucas) und ein Urlaub war dringend notwendig. Als ich nach New Jersey zurückgekehrt war, stellte ich erfreut fest, dass meine Freunde bei Harper und Row ein Buch mit meinen Aucabildern veröffentlichen wollten. Ich war nur eine Amateurfotografin, wie in Cornell Capas Vorwort zu lesen ist. Zunächst meinte ich, ich solle nur kleine Erläuterungen zu den Bildern schreiben; aber dann erfuhr ich, dass die Herausgeber wenigstens fünfzigtausend Wörter haben wollten. So entstand dieses Buch – die Beobachtungen einer Frau während eines kurzen Jahres bei einem verborgenen und faszinierenden Volk. Mein zweites Jahr bei ihnen war unvergleichlich einfacher und das in dreifacher Hinsicht: Wir hatten eine Landebahn, so dass die Reise hin oder zurück nur eine Viertelstunde und nicht drei Tagereisen von Arajuno aus dauerte. Dann wohnten Valerie und ich in einem Haus mit Wänden (von uns besuchenden Quichuas erbaut und bald von einigen Aucas kopiert) und ich konnte zu der Zeit die Aucasprache fast so gut wie Valerie sprechen, die dort sechs Jahre alt wurde.

Das Haus mit Wänden war eine absolute Notwendigkeit. Wenn man genauso wie die Aucas leben will, muss man auch genau dasselbe wie die Aucas tun – und *nichts anderes*. Ich hatte zwei Aufgaben, die beide eine radikale Abkehr von der Auca-Lebensweise darstellten: Ich musste ihre Sprache aufschreiben, damit wir ihnen die Bibel geben konnten und ich musste Valerie bei den Schularbeiten des Fern-Lernkurses helfen. Das waren Schreibtischarbeiten und wenn man einen Schreibtisch hat, ist es nicht verkehrt, wenn sich darunter ein Fußboden befindet und wenn etwas, was wie Wände aussieht, drum herumsteht, besonders in einer Gegend mit einem jährlichen Niederschlag von drei bis vier Metern (in Deutschland gut 70cm, d. Ü.). Selbst in einem so »zivilisierten« Haus gab es für uns beide noch Ablenkungen in Hülle und Fülle. Es war für Valerie furchtbar schwer, sich auf die Schulbücher zu konzentrieren, wenn sie den Atem ihrer kleinen Freunde im Nacken spürte und diese die Buntstifte nehmen wollten, in den Büchern blätterten oder sie quälten, jetzt mit ihnen zum Schwimmen zu gehen. Ich begann zu ahnen, dass es wohl geschickter wäre, dorthin zu gehen, wo sie einer den Wissenschaften förderlicheren Konkurrenz ausgesetzt war.

Das war ein Teil meiner Gründe, an ein Fortziehen vom Tiweanu zu denken. Aber so sicher wie ich war, dass Gott mich dorthin gebracht hatte, so gewiss konnte ich nicht ohne klare Weisung fortgehen. Diese kam am Ende des zweiten Jahres und zwar auf eine verblüffende, nichts desto weniger zwingende Weise. Der andere Teil meiner Gründe wurde durch andere von verschiedenen Blickpunkten aus dargestellt; keiner entsprach aber völlig meiner Sichtweise.

George MacDonald hat geschrieben: »Ich möchte nicht der Fiktion erliegen, die ganze Welt aus der Hölle halten zu können. Die Hölle, aus der eine Lüge irgendeinen Menschen halten könnte, ist zweifellos der beste Ort, wohin dieser gehen sollte. Die Wahrheit ist es … die die Welt rettet« (*Annals of a Quiet Neighbourhood, Kapitel 9*).

Ich möchte hier die Wahrheit sagen; aber es kann nicht die ganze Wahrheit sein, nicht wegen des Wunsches, Tatsachen zu verschweigen, die auf den Tisch müssen, noch viel weniger, weil ich »einer Fiktion erliegen« bin. Erstens kenne ich die ganze Wahrheit nicht, sondern nur die von meiner Seite. Zum anderen muss ich mich kurz fassen. Aber viele Menschen fragen und da ist eine Erklärung vonnöten.

Es hat zwischen Rachel Saint und mir Meinungsverschiedenheiten gegeben. In mir wuchs daher die Überzeugung, die Lichtung am Tiweanu sei zu klein, um zwei Missionarinnen genügend Raum zu lassen, die im strikten Sinn nicht wirklich zusammenarbeiteten. Eine von uns musste gehen. Die Entscheidung ist mir sehr schwer geworden.

Zwei gegensätzliche Trends im gegenwärtigen christlichen Denken sind gefährlich. Einer ist der reine Triumphalismus, dem so mancher Fernsehevangelist huldigt. Möglichst ansprechend, möglichst billig, möglichst bequem. Werde Christ und erlebe, wie deine Probleme verschwinden. Tu, was Gott sagt, und alles, was du anfasst, wird sich in Gold verwandeln. – Der andere ist die Enthüllungsgier. Aus einer sehr schmuddeligen Vorstellung heraus, alle seien »egal«, wie auch aus der übertriebenen Furcht vor Heldenverehrung jedweder Art erwächst der Drang, jede kleinste Schwäche und Widersprüchlichkeit an den Pranger zu stellen, um dadurch praktisch alle menschlichen Bemühungen zu diskreditieren, besonders wenn sie aus Uneigennützigkeit geschehen.

Wir müssen uns der trügerischen Scylla und Charybdis der Missionsberichte bewusst sein, dass entweder nicht die ganze Geschichte erzählt wird, oder dass man allzu viel verbreitet. Die eine Versuchung liegt darin, das Große zu schmälern, die andere darin, das Triviale groß zu machen.

Außerdem müssen wir berücksichtigen, dass, solange wir in diesem irdischen Leibe sind, unsere Bemühungen, Heil und Leben anzubieten, mit Verderben und Tod vermengt bleiben. Durch die Ernsthaftigkeit und den Gehorsam von fünf Männern wurden die Aucas schließlich erreicht. Aber die Männer starben. Die Welt nahm ihren Tod mit Staunen, Zynismus und auch Gleichgültigkeit zur Kenntnis. Einigen Christen wurde die Verantwortlichkeit für den Missionsdienst deutlich. Neun Kinder hatten ihre Väter verloren. Das Beispiel aber, das ihnen ihre Väter gaben, bleibt stark und edel. Viel Wahres war darüber in christlichen Blättern zu lesen, aber auch manches Falsche. (Von mir wurde berichtet, ich hätte den Verstand verloren, sei dem Alkohol verfallen und hätte ein Aucababy in die Welt gesetzt. Rachel war durch einen Reporter »massakriert« worden, wie sie mir kürzlich schrieb.) Manch ein Missionskomitee stolperte über die Fragen nach »Arbeitsfeldern«, Glaubwürdigkeit, Prioritäten und Sachkenntnis. Die meisten Meinungsverschiedenheiten wurden sehr breitgetreten. Die Aucas hörten das Evangelium. Sie bekamen aber auch Kinderlähmung. Einige starben daran, andere verkrüppelten. Die Ölgesellschaften hatten von jetzt an Zutritt zu bisher verbotenen Territorien, so dass die Indianer jetzt Werkzeuge, Kurzwellensender, Spritzen, Penicillin, Hubschrauber-Landeplätze und Stahlhelme hatten. Es ist kaum nötig zu erwähnen, dass mit fast jeder »Segnung« der Zivilisation zehn Flüche verbunden waren. Die Jagdgründe, von denen die Indianer abhingen, wurden systematisch wegen der Suche nach Erdöl vernichtet. Bemühungen der Missionare bei den Regierungen den Schutz der Indianer sicherzustellen, hatten wenig Erfolg. Sam, Dayumas Sohn, für den viel gearbeitet und gebetet worden ist, erhielt eine christliche Ausbildung in Quito und in den Vereinigten Staaten; aber er hat sich einem Leben zugewandt, das sich halb in der Stadt, halb im Dschungel abspielt, wo er ein Tourismus-Unternehmen betreibt. Er betrachtet Missionen und Missionare, gelinde gesprochen, als Konkurrenten.

Wie gern möchten wir auf etwas – irgendetwas – zeigen und sagen: »*Das* funktioniert! *Das* ist sicher!« Aber wenn es irgendetwas außer Gott ist, werden wir unweigerlich enttäuscht. Es gibt nur eine letztgültige Garantie: Die Liebe Christi. Von dieser Liebe Christi kann uns nichts im Himmel und auf Erden scheiden, und weil Gott Gott ist und uns liebt, wird Er nicht gestatten, dass wir unser Vertrauen auf etwas anderes als auf diese Liebe setzen. Wir eilen sofort zu Ihm, wenn andere Zuflucht trügt. Er korrigiert unsere falschen Vorstellungen, Er macht unsere Fehler gut, Er wäscht uns von unseren Sünden und Er verwandelt unseren Kummer in Freude. Aber zunächst muss »das Leben Jesu an unserem sterblichen Leibe offenbar werden«. Erst muss das Drama zu Ende gespielt werden – Leiden, Schwachheit, Versagen, Sterben – und Auferstehung.

Jesus ist nicht gekommen, um es uns gemütlich zu machen, indem Er unseren Launen entsprach und um unsere Wünsche und oftmals törichten Hoffnungen zu erfüllen, sondern um Feuer auf die Erde zu werfen, um das Schwert zu bringen. Der alte Prophet sah, als Jesus erst acht Tage alt war; dass Er »gesetzt (war) zum Fall und Aufstehen vieler … und zu einem Zeichen, dem widersprochen wird«. Und der Maria verhieß er: »Deine Seele wird ein Schwert durchdringen« (Lukas 2,34-35).

Es ist immer schwer, ein »einfältiges Auge« zu bewahren, die Dinge geistlich zu betrachten, besonders wenn sie am Boden liegen. Es gibt Zeiten, ich bekenne es, in denen mir die ganze Tiweanu-Szene wie eine absurde Komödie erscheint, wenn ich auch die vielen Tränen nicht vergessen habe. Man stelle sich vor – zwei so unterschiedliche Frauen, beide oft entgegengesetzter Meinung, aber beide mit der positivsten Einstellung gegenüber den Aucas, gehen mit einem kleinen blonden Mädchen in eine versteckte Waldlichtung, ziehen in eins dieser Häuser, die nicht viel mehr als ein Schirm sind, essen, was sie bekommen können (bei Ameisen und Würmern war bei mir Schluss), benutzen Milchpulver, Salz und Haferflocken – manchmal landen sogar Schokolade und Käse mit dem Fallschirm bei uns (»Hungrig zu sein ist keine Tugend!«, sagte Rachel eines Tages), stellen dumme Fragen (»Wozu das Band um die Hüfte?« »Wie kommen die Löcher in eure Ohrmuscheln?« »Warum rasiert ihr die Schläfen und reißt die Augenbrauen aus?« »Wird dies Holz brennen?« »Ist diese Pflanze essbar?«), stellen ihnen allerlei Neuerungen vor (das Tragen von Kleidung, den Gebrauch der Streichhölzer, Aluminiumtöpfe, Scheren, Seife), hängen völlig von ihnen ab und werden dadurch zu drei Belastungen, die sich beklagen über den Rauch in den Augen, die Mücken, den Schlamm, den Regen, ebenso bei dem Versuch, die Leute zum Fotografieren aufzustellen, sie zur Ruhe zu ermahnen, um Gottes Wort zu hören, die ihre Moral beanstanden und unzufrieden sind mit dem ungehörigen Lärm, den sie während Dayumas »Predigten« veranstalten, die eigentlich das Unterste zu oberst kehren und ihre gesamte Weltsicht durcheinander bringen. – Man stelle sich das vor!

Gott bewahre uns davor, zynisch zu werden, uns nur mit unseren Fehlern und der Armseligkeit unserer Bemühungen zu befassen und auf die große Kluft zu starren, die zwischen dem liegt, was wir erhofften und dem, was wir erreichten: Wie sollen wir das als ein »christliches« Werk ansehen? Wie haben wir das einzuordnen?

Wir dürfen nicht von dem ausgehen, was wir von der Wirksamkeit Gottes wahrnehmen (da sieht es aus, als habe Er gar nichts getan); sondern klar blickend und unerschütterlich auf das sehen, was geschieht, und dies durch die Offenbarung Gottes in Christus zu begreifen suchen. Das Leben des Herrn auf Erden hatte einen denkbar ungünstigen Anfang. Da war der Skandal mit der Jungfrauengeburt, die Erbärmlichkeit des Stalles und die Verkündigung geschah nicht den Stadthonoratioren, sondern unbedeutenden Hirten. Ein Kind war geboren, ein Retter und König – aber viele Babys wurden Seinetwegen umgebracht. Sein öffentliches Auftreten, wahrhaftig kein Triumphzug, keine donnernde Erfolgsstory, führte nicht zu allgemeiner Berühmtheit, sondern ans Kreuz. In Scharen liefen sie Ihm nach; aber die meisten wollten nur möglichst viel von Ihm profitieren und am Ende flohen selbst alle Seine Jünger. Doch aus Seinem scheinbaren Schwachsein und Scheitern, aus Seiner Erniedrigung bis zum Tod, welch eine Erhöhung, welch eine Herrlichkeit ging daraus hervor! Denn der Wille Gottes ist nichts Quantitatives, nichts Statisches und Messbares. Der souveräne Gott wirkt in geheimnisvoller Beziehung zum menschlichen Willen. Wir dürfen keine augenblicklichen Bekehrungen erwarten. Die Dinge müssen nach göttlicher Vorsehung, nach seinem Zeitplan reifen. Manchmal geht das Licht quälend langsam auf. Das Reich Gottes ist wie ein Samenkorn. Es keimt leise, im Geheimen, langsam; aber es enthält eine unabsehbare Kraft zur Umgestaltung, wie der Psalmist sagt: »Alle Dinge dienen Dir.«

Der Missionar steht trotz all seiner Sünde und Weltförmigkeit mit Christus für die Errettung der Welt ein. Was ich bei den »Wilden« gelernt habe, ist dies: Sie haben Christus nicht nötiger als ich; denn wir alle gleichen den Schafen, die sich, ein jedes »auf seinen Weg gewandt haben«. Wenn ich weiß, wer der Gute Hirte ist und wie man Ihn findet, so ist es ganz sicher meine Pflicht, andere Schafe auf Ihn hinzuweisen. Diese Bemühungen dürfen nicht nach entweder/oder-Kategorien beurteilt werden – entweder fehlerlos und daher ein Erfolg oder fehlerhaft und daher gescheitert.

Jedesmal, wenn meine Hoffnungen sich zerschlagen, bin ich gefordert, meine enge Sicht von dem was »gut« ist, zu verändern. Gut ist nicht, wenn es nach meinem Willen geht. Gottes Sicht über das, was gut ist, finden wir in Römer 8: »Der aber die Herzen erforscht, weiß was der Sinn des Geistes ist, denn er verwendet sich für Heilige Gott gemäß. Wir wissen aber, dass denen, die Gott lieben, alle Dinge zum Guten mitwirken, denen, die nach seinem Vorsatz berufen sind. ... dem Bilde seines Sohnes gleichförmig zu sein.« Das ist letzten Endes für uns das einzig Gute – diese Umgestaltung, einerlei, was sie kostet.

Es kann kein Zufall sein, dass ich gerade an diesem Winter-nachmittag in einem Haus an der grauen Küste von Massachu-setts Christina Rosettis Gedicht wiederfinde mit den Unterstrei-chungen und Anmerkungen aus jenen letzten Monaten am Tiweanu. Das Datum ist zu meinem Verwundern heute genau zwanzig Jahre alt. Hier ist es:

Weiß gar nichts mehr und weine nicht,
Mein Herz in mir ist wie ein Stein.
Bin taub für Furcht und Hoffnungslicht,
ich schau umher, bin ganz allein.
Blick ich hinauf,
von Kummer satt,
Verbirgt der Himmel sich.
Mein Leben ist ein fallend Blatt,

Herr Jesus, stärke mich!
Mein Leben ist ein welkes Blatt;
Was ich gewann, ach, es ist hin.
Fürwahr, mein Leben, leer und matt,
Ist ohne Frucht, ist ohne Sinn.
Ich bin ein tief gefror'nes Land,
Nicht Blatt, noch Blüte zeigen sich,
Doch einst erweckt mich Deine Hand,

Ach Herr, belebe mich! Mein Leben, ein zerbroch'ner Krug.
In Scherben ganz, der nichts enthält,
Was für mein Herze wär genug,
Noch für die arme, kalte Welt.
Herr, wirf die Scherben in die Glut,
Schmelz sie zum Kelche, Dir zur Ehr',
Damit er nützlich sei und gut
Auch für die andern um mich her!

Ich hatte vergessen, dass ich den kleinen Band mit Rosettis Ge-dichten mit zum Tiweanu genommen hatte (obwohl die tropi-sche Feuchtigkeit und die Termiten in meinem Hause deutliche Spuren hinterlassen haben). Er war ein Geschenk meines Bruders Tom. In den Jahren seither habe ich ihn manchmal zur Hand genommen; aber die meisten Seiten sind mir wenig vertraut. Wenn ich die obigen Verse heute lese, kommt mir zum Bewusstsein, wie mutlos und einsam ich mich gefühlt haben muss, als ich die Anmerkungen machte. Ich weiß aber auch aufs aller Gewisseste, dass die Gebete erhört wurden und noch immer erhört werden.

Magnolia, Massachusetts, den 1. Januar 1981

Zweites Nachwort

Das kleine blonde Mädchen auf diesen Bildern ist jetzt die Frau von Walter D. Shepard jun., Pastor einer Gemeinde in Kalifornien. Sie haben acht Kinder. Am 8. Januar 1996 waren mein Ehemann Lars Gren, Valerie, Walt und ihr Sohn Walter III Gäste von Steve Saint, dem Sohn des Piloten Nate, in ihrem neuen Haus am Curaray, nur ein wenig flussabwärts von der Stelle entfernt, wo die fünf Missionare vor vierzig Jahren starben. Steve und seine Frau Ginny und ihre vier Kinder hatten innerhalb von sechs Monaten eine kleine Niederlassung errichtet, die sie »Nimompade« zu Ehren ihrer Tante Rachel nannten, deren Aucaname Nimo lautete, was »Stern« bedeutet. Rachel ist im November 1994 gestorben und ist nicht weit von der Stelle entfernt begraben, wo ihr Bruder und die anderen vier bestattet worden sind. Steves sehr einfaches Haus – Bretter mit einem Segeltuchdach – steht inmitten kleiner Strohdachhütten, die von Indianern gebaut wurden, die in ihrer Nähe wohnen wollten. Die Aucas werden jetzt *Waorani* genannt, was einfach »Leute« bedeutet.

Wir verbrachten dort zwei Tage und besuchten viele alte Freunde, die Valerie und ich seit 1960 nicht gesehen hatten. Sie hatten es eilig, unter Gelächter festzustellen, dass wir inzwischen schrecklich alt geworden waren. Natürlich habe ich ihnen versichert, dass es ihnen genauso ergehe.

Die Familie Saint hält ihr Haus Tag und Nacht für sie offen. Ihr Wohnraum ist mit vielen Hängematten ausgestattet, in denen wir stundenlang alte Erinnerungen pflegten. Minkayi und Kimo, zwei der Männer, die sich an der Ermordung von Pete, Roger, Ed, Nate und Jim beteiligt hatten, waren unter denen, die mit uns sprachen. Sie sind jetzt Christen, wie viele andere Waoranis. Das Neue Testament wurde von Catherine Peeke und Rosi Jung vom Sommer Institut für Linguistik übersetzt und viele haben lesen gelernt.

Der Einfluss der Zivilisation ist sehr deutlich. Die Waoranis tragen Kleidung, haben Gewehre, essen Brot, Bohnen, Reis und

Süßigkeiten. Einige der Männer können mit Außenbordmotoren und Kettensägen umgehen. Es gibt Schulen, in denen die Kinder Spanisch lernen. Die Ölgesellschaften bohren immer noch und bringen die »Segnungen« des weißen Mannes, unter denen manches ist, was die Waoranis lieber nie lernen sollten. Steve hofft, dass er zusammen mit anderen Missionaren den Indianern helfen kann, mit den ungeheuren Veränderungen fertig zu werden und dabei die geistlichen Unterweisungen nicht zu vergessen, die sie schon erhalten haben.

Der alte Dabu, der Mann, den eine Schlange gebissen hatte, erinnerte mich an die Nacht im Jahre 1959, als wir gewiss meinten, er würde sterben. Ich saß an seiner Hängematte und saugte mit der Spritze das Blut von seinem Mund, weil ich sonst nichts für ihn tun konnte. Jetzt versteht er, dass der Herr ihn geheilt hatte. Minkayi sprach von dem Blasrohr und der Dose mit Pfeilen, die er mir gegeben hatte und die seither mein Heim in den Staaten ziert. Ipa, die Mutter von Vals kleinem Freund Taemeata (der Catherine und Rosi bei der Übersetzung half), erzählte und erzählte von den glücklichen Tagen am Tiweanu. Sie hat mir oft Holz gebracht, Wasser geholt und mein Geschirr gespült.

Steve brachte Val und mich in seinem kleinen Flugzeug zum Tiweanu. Eine große Menge begrüßte uns, von der die meisten erst nach unserem Abschied geboren waren. Alle Häuser, die wir gekannt hatten, waren verschwunden, weil der Fluss seinen Lauf stark verändert hat.

Das gute Essen, das Ginny für uns bereitete, enthielt Affen- und Wildschweinfleisch, das ein Mann von der Jagd heimgebracht hatte. Das laut schabende Geräusch der Insekten, der irre Schrei der Vögel und der prasselnde Regen während der Nacht waren Musik in Valeries und meinen Ohren. Sie wird manchmal gefragt, ob sie sich benachteiligt fühlt, weil sie ihre Kindheit unter so primitiven Umständen verbracht hat. Sie findet das höchst seltsam; denn wir beide sind uns einig, dass die dort verbrachte Zeit ein unschätzbares Privileg darstellt.

Jesus hat gesagt: »Wenn das Weizenkorn nicht in die Erde fällt und stirbt, bleibt es allein; wenn es aber stirbt, bringt es viel Frucht« (Johannes 12,24). Wer von den fünf Männern (jeder ein »Weizenkorn«) hätte den Langzeiteffekt ihres schlichten Gehorsamsschrittes erahnen können? Sie folgten treu dem Meister. Sie bezahlten den höchsten Preis. Aber unzählbar sind die, die rings um den Globus durch ihr Zeugnis verändert wurden.

Steve Saint schreibt: »Diese Leute brauchen ein übernatürliches Handeln Gottes, um in den fähigen und treuen Gläubigen innerhalb ihres Stammes ein Verlangen zu wecken, dem Klerikalismus, der Abhängigkeit von den Weißen, zu widerstehen, der ihre Gemeinde so geschwächt hat. Sie brauchen Mut, um den verderblichen Einflüssen entgegenzutreten, die immer stärker auf die Leute eindringen. Sie brauchen unsagbar viel Weisheit, um all den Flüchen ihrer heidnischen Herkunft mit geistlichen Grundsätzen zu begegnen ...

Die zu bewältigende Aufgabe scheint für uns Menschen unmöglich zu sein. Zum Glück ist es in Wirklichkeit nicht unsere Aufgabe (obwohl wir diese entscheidende Tatsache oft vergessen), sondern Gottes. Sie ist nicht unmöglich; es scheint nur so. Wir hoffen und glauben immer noch, dass Gott irgendwie an unseren eigenen Familien wirken wird, um uns brauchbar zu machen, Seine Pläne mit den ›Leuten‹ zum Ziel kommen zu lassen.«

Strawberry Cove 10
Magnolia, MA 01930
10. April 1996

E. Elliot

Im Schatten des Allmächtigen

Das Tagebuch Jim Elliots

Hardcover

288 Seiten
DM 18.80
ISBN 3-89397-319-2

Das »Vermächtnis« des jungen Pionier-
missionars Jim Elliot, der 1956 im Alter von
29 Jahren von den Auca-Indianern ermordet
wurde. Unzählige junge Christen haben durch
dieses Buch entscheidende Anstöße zu einem
gottgeweihten Leben bekommen.

Elliot hat dieses Tagebuch vor allem während
seiner Studien- und Verlobungszeit geschrie-
ben. Es beeindruckt jeden Leser durch die
Aufrichtigkeit und Hingabe, mit der er seine
Zweifel, Krisen, Niederlagen und Glaubenser-
fahrungen beschreibt. Hier ringt ein junger
Mann um jeden Preis um ein kompromissloses
Leben zur Verherrlichung Gottes.

Eines der wenigen Bücher, die jeder Christ
neben der Bibel gelesen haben sollte.

M. Jank

Wie auf einem anderen Stern

Mission unter Yanoamö-Indianern in Venezuela

Paperback

224 Seiten
DM 16.80
ISBN 3-89397-264-1

Die Yanoamös hielten sich für die einzigen
Bewohner der Erde – doch dann bekamen sie
Besuch vom Missionarsehepaar Jank. Diesen
waren die Indianer beschrieben worden als
unerschrockene, selbstbewusste Menschen, die
allem Neuen gegenüber aufgeschlossen und
freudig reagierten. Sie kannten nur einen
Feind, dem sie sich in äußerster Verzweiflung
beugten: den Tod. In diesem fanden die Missionare ihren Anknüpfungspunkt und bezeugten
den Indianern die frohe Botschaft von Jesus
Christus. Die Yanoamös nahmen sie mit einer
solchen Begeisterung auf, dass es die Missionare erzittern ließ. Wie ein Feuer breitete sich das
Evangelium im Dschungel aus …